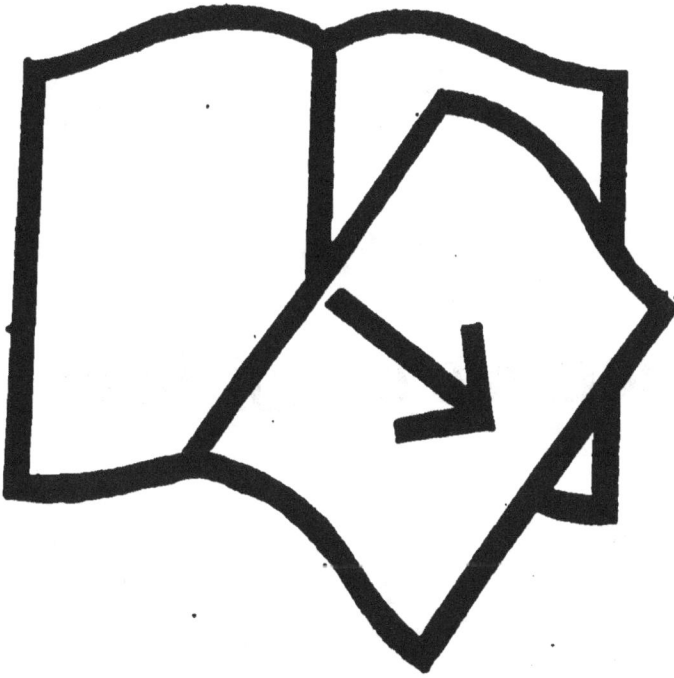

Couvertures supérieure et inférieure
manquantes

Hypnotisme et Spiritisme

Bibliothèque de Philosophie scientifique

CÉSAR LOMBROSO

Hypnotisme

et

Spiritisme

TRADUCTION DE CH. ROSSIGNEUX

PARIS

ERNEST FLAMMARION, ÉDITEUR

26, RUE RACINE, 26

1910

INTRODUCTION

Les lecteurs au courant de mes recherches, sur
la Renaissance de la Magie, s'étonneront peut-être
de voir paraitre, dans une collection que je dirige,
un livre destiné à justifier l'existence des phénomènes spirites, alors que j'ai essayé de montrer
qu'ils étaient le produit d'illusions pures.

Ces illusions ne sont pas seulement engendrées
par des fraudes, mais surtout par le pouvoir sug-
gestif de certains médiums. Ce pouvoir varie avec
la mentalité des assistants et c'est pourquoi le
même médium produit, suivant les observateurs,
des effets fort différents. Celui qui révéla de si
merveilleuses choses à Lombroso, ne put montrer
rien de semblable aux membres de l'Institut psychologique de Paris dans les nombreuses séances
consacrées à son observation.

Il pourrait donc sembler très inutile de discuter
encore ces illusions, mais leur genèse présente pour
le philosophe un intérêt immense. Elle jette en
effet une éclatante lumière sur les causes de la

1

naissance et du développement des grandes croyances qui remplissent l'histoire et ont déterminé la marche des civilisations.

L'étude de la formation de ces croyances constitue un des problèmes les plus difficiles de la psychologie. Il l'est même tellement que les maîtres de cette science l'ont à peine effleuré. Tandis que les ouvrages relatifs au mécanisme de la connaissance deviennent innombrables, ceux consacrés à la formation des croyances sont très rares et généralement fort médiocres.

J'espère montrer dans un prochain livre que l'étude de la genèse des croyances doit être abordée par voie expérimentale, et que les procédés de la logique rationnelle, utilisés dans l'édification des connaissances, ne peuvent nullement servir à interpréter les opinions et les croyances.

Cette vérité, assez nouvelle encore, m'apparut clairement à la suite de certaines recherches psychologiques et surtout lorsque des circonstances particulières me conduisirent à examiner les phénomènes spirites. Je constatai alors que des savants illustres, des spécialistes habitués aux rigoureuses méthodes des laboratoires, arrivent très rapidement à admettre comme indubitables des phénomènes aussi miraculeux que ceux des plus merveilleuses légendes. Ils nous parlent d'apparitions de fantômes venant révéler les secrets d'outre-tombe, de dédoublement des vivants, de médiums capables de faire varier à leur volonté le poids des objets, de guerriers casqués, surgissant du corps de jeunes filles, et se promenant parmi les assistants. De tels faits prouvent qu'aussitôt sorti du champ de la connaissance pour entrer dans celui de la croyance, le savant voit sa psychologie se transformer entièrement. Les mobiles générateurs de ses certitudes sont alors totalement transposés. Dans le domaine de la croyance, le savant ne dépasse pas l'ignorant. La circonspection de l'homme de laboratoire est bientôt remplacée par une crédulité dont on ne saurait marquer les bornes.

Ce livre en fournira les preuves à chaque page. Son auteur est un savant célèbre habitué aux méthodes scientifiques les plus sûres. Dès qu'il aborda l'étude des phénomènes spirites, sa science s'évanouit et une crédulité infinie s'y substitua. A ce titre la lecture de son œuvre est fort instructive. C'est une des raisons qui m'ont décidé à la faire traduire. Elle a en outre le mérite de présenter un tableau assez complet des phénomènes que prétendent réaliser les spirites.

Je n'examinerai pas ici les causes de la crédulité dont peuvent être atteints les savants qui pénètrent dans le domaine de la croyance, me proposant d'étudier ce problème dans un autre ouvrage.

Le livre du professeur Lombroso et tous ceux du

même ordre constituent des documents pour une telle étude. Le lecteur y verra nettement que dans les sphères de la croyance la crédulité est bien sans limites et qu'une raison très éclairée peut devenir impuissante à dissiper les illusions créées par les sentiments et la suggestion.

Cet ouvrage montre également combien il es difficile aux esprits les plus instruits de se passer de religion, c'est-à-dire d'une foi directrice capable d'orienter leurs pensées. Le spiritisme est incontestablement une foi nouvelle en voie de formation. Il abonde en miracles autant que celles qui l'ont précédé. L'homme change parfois le nom de ses dieux, mais sa mentalité religieuse paraît indestructible. Elle fait partie des sentiments instinctifs qui nous mènent et sur lesquels l'intelligence n'exerce qu'une bien faible action.

GUSTAVE LE BON.

PREFACE DE L'AUTEUR

> Combien de choses nous servaient hier
> d'articles de foi qui nous semblent fables
> aujourd'hui.
>
> MONTAIGNE.

Lorsque j'ai voulu faire un livre sur les phénomènes dits spirites, après toute une vie consacrée au développement de la psychiàtrie et de l'anthropologie criminelle, mes meilleurs amis m'ont accablé d'objections, disant que j'allais gâter ma réputation. Malgré tout, je n'ai pas hésité à poursuivre, estimant qu'il était de mon devoir de couronner ma carrière de luttes pour le progrès des idées en luttant pour l'idée la plus contestée et bafouée du siècle.

Mes adversaires ont d'ailleurs quelques bonnes raisons. Il n'y a pas longtemps encore, je pensais comme eux. Le spiritisme semble incompatible avec le monisme, l'une des plus grandes conquêtes modernes. Comparées à la précision et à la constance des faits d'expérience scientifique, toujours

1.

semblables à eux-mêmes et concordant dans le temps et l'espace, les expériences spirites, variables avec les méthodes, les heures, les dispositions des assistants, ont toujours quelque chose de fuyant et d'incertain, malgré le contrôle d'instruments de précision et d'observateurs sévères comme Morselli, de Vesme, Crookes, Richet, Lodge, James, Hislop, Wallace, Bottazzi, de Rochas, Herliztka, Foa, d'Arsonval, etc.

Mais si les observations, prises en particulier, semblent présenter ce caractère, leur ensemble forme un bloc de preuves défiant le scepticisme, d'autant que l'étude actuelle de la radioactivité montre une exception au moins apparente au grand principe : pas de fonction sans organe et pas de manifestation d'énergie sans perte de substance.

D'ailleurs les conclusions du spiritisme sont loin de contredire le monisme, car l'âme, se ramenant à une matière fluidique, visible et palpable en certains cas, continue à appartenir au monde de la matière. C'est ce qui concilie pour la première fois l'expérience scientifique avec l'expérience de tous siècles et de tous pays, depuis les peuples anciens et sauvages jusqu'aux civilisés actuels, expérience cristallisée dans la légende religieuse, laquelle par la quantité et l'accord des suffrages, à défaut de leur qualité, lui confère une autorité au moins égale, sinon supérieure, à la pensée des grands philosophes.

Aussi, dans ces recherches, ai-je évité toutes conclusions théoriques, que j'ai voulu faire jaillir, dans l'esprit du lecteur, de la seule masse des faits fortifiés par le consentement universel. Au reste, je suis loin de prétendre à une certitude complète. Après ces études pénibles, l'hypothèse spirite nous apparaît comme une mer immense, d'où émergent çà et là quelques îlots, où seul le géographe devine les traces d'un ancien continent, tandis que le vulgaire se moque de son hypothèse, qui n'est audacieuse qu'en apparence.

Avant de terminer, j'adresse mes remerciements les plus vifs à MM. Marzorati, Ochorovicz, Richet et de Vesme, qui ont bien voulu me conseiller et m'aider.

CÉSAR LOMBROSO.

Octobre 1909.

Hypnotisme et Spiritisme.

PREMIÈRE PARTIE

HYPNOTISME

De quelques phénomènes hypnotiques et hystériques.

Personne plus que moi n'a été hostile au spiritisme, par l'éducation scientifique et les tendances. J'avais toujours regardé comme un axiome que toute force est une propriété de la matière et toute pensée une fonction du cerveau, et je m'étais toujours moqué des tables parlantes. Mais la passion de la vérité et du fait constaté l'a emporté sur ma foi scientifique.

Aussi, après avoir été l'adversaire du spiritisme, au point de nier toutes les expériences et de refuser d'assister à aucune, j'ai dû constater, dès 1882, des faits psychiques étranges, que la science ne peut expliquer et dont elle peut dire seulement qu'ils accompagnent l'hystérie et l'hypnose.

§ 1. — TRANSFERTS DE SENSATIONS DANS L'HYSTÉRIE ET L'HYPNOSE.

En cette même année 1882, on m'appela un matin chez Mlle C. S.. âgée de quatorze ans, de père intelligent et actif, de mère lucide et vigoureuse, mais dont les deux frères avaient eu une croissance anormalement rapide au moment de la puberté, avec troubles pulmonaires. Cette jeune fille, d'un physique gracieux, d'une taille de 1^m,54, avait, elle aussi, grandi brusquement de 0^m,15 au moment de la puberté. Ses premières règles s'accompagnèrent de symptômes hystériques, avec vomissements et dyspepsie. Au bout de deux mois vinrent des accès de convulsions hystériques et d'hyperesthésie, qui lui faisaient prendre pour une barre de fer un fil mis sur la main. Le mois suivant se manifestèrent de la cécité et des points hystériques aux doigts, qu'il suffisait de toucher pour obtenir convulsions, mouvements réflexes intenses des jambes, contracture et brusque montée de la force musculaire de 32 à 47 kil. au dynamomètre, à la seule pression de la main. C'est alors qu'elle commença à manifester des phénomènes extraordinaires. Après des accès somnambuliques, accompagnés d'augmentation d'activité, d'affectivité et de divers changements dans le caractère, elle perdit la vision par les yeux en même temps qu'elle acquérait la faculté de voir par l'extrémité

du nez et le lobe gauche de l'oreille, tout en
conservant la même acuité visuelle (7ᵉ degré de
l'échelle de Yäger). C'est ainsi qu'elle put lire une
lettre et distinguer les chiffres d'un dynamomètre.

Elle avait une mimique curieuse pour réagir aux
excitations portées sur ces organes que nous nommerons provisoires ou transposés. Par exemple un
doigt, ou mieux un jet de lumière, dirigés sur l'oreille
ou le nez, la faisaient s'irriter, crier qu'on voulait
l'aveugler, avancer le bras dans un geste de défense.

Même transposition de l'odorat. Aucune réaction
avec l'assa fœtida ou l'ammoniaque mis sous le
nez, tandis que d'autres corps à l'odeur moins forte,
mis sous le menton, l'affectaient vivement. Plus
tard l'odorat se transporta au talon, et alors, à
toute odeur déplaisante, elle remuait les pieds et
le corps entier; à toute odeur agréable, elle restait
immobile, souriante et respirant vite.

Vint ensuite de la lucidité prophétique, qui lui
faisait prédire exactement, parfois une quinzaine à
l'avance, le jour et l'heure de ses accès et le métal
qui devait les calmer. Plus tard, elle prévit pour
son frère et son père des faits qui se vérifièrent au
bout de deux ans. Elle put voir aussi à distance
des événements au temps même où ils s'accomplis-
saient.

* *

Ces phénomènes ne sont pas isolés. Déjà, en
1808, Petetin avait étudié huit femmes en catalep-

sic, chez qui les sens externes étaient transférés
à l'épigastre et aux doigts des pieds et des mains.

Carmagnola. en 1840, cite un cas analogue au
nôtre. Il s'agit d'une jeune fille de quatorze ans,
réglée elle aussi depuis peu, présentant toux con-
vulsive, céphalée, pâmoisons, spasmes, dyspnée,
convulsions du visage accompagnés de chants,
sommeils durant parfois trois jours, et accès somnambuliques pendant lesquels elle voyait distinctement avec la main et lisait dans l'obscurité. Chez
elle comme chez notre C. S., l'application de l'or
et de l'argent calmait l'agitation et ramenait la
gaieté.

Despine nous parle d'une Estelle de Neuchâtel,
âgée de onze ans. devenue parétique après une
blessure au dos et améliorée par les bains d'Aix,
chez qui la magnétisation amenait le transfert de
l'ouïe aux mains, coudes, épaules et, pendant la
crise léthargique, à l'épigastre, avec excitation
musculaire sous l'influence de l'or.

Le Dr Angonoa a étudié en 1840 la nommée G. L.,
âgée de quatorze ans, névrosée par un chagrin. A
l'état somnambulique, elle voyait avec la nuque et
distinguait les odeurs avec le dos de la main. Plus
tard, vue et ouïe se transportèrent à l'épigastre.
Un autre sujet femme, du même docteur, âgé de
vingt-deux ans, hystérique et épileptique, voyait
avec la nuque et l'épigastre, dans le sommeil
somnambulique, et sentait les odeurs avec les pieds.

Elle disait voir à l'intérieur de son corps trente-trois vers qu'elle rendit peu de temps après.

Ces faits rappellent d'ailleurs ce qu'on savait déjà des somnambules. lesquels distinguent les objets les paupières closes et voient évidemment. par ailleurs que par les yeux. Preyer et Berger, et tout récemment Heidenhain, ont observé des faits semblables, qu'ils croient expliquer par l'hyperesthésie tactile et visuelle remarquée dans ces cas. Mais cette explication rend compte tout au plus de la vision dans une chambre obscure et ne s'applique pas au transfert des sensations dans les cas où sensibilité tactile et visuelle ne font qu'un. Ici la perception visuelle a lieu en deux points de la peau, tandis que la sensibilité tactile est médiocre et n'explique nullement la lecture d'un manuscrit.

Si les auteurs modernes n'ont pas noté ces cas, et si Hasse les a regardés comme des illusions. c'est par une tendance louable, bien qu'exagérée, à n'admettre que les faits scientifiquement explicables. C'est ainsi qu'on n'a admis qu'à la longue l'action des aimants et nombre de faits constatés empiriquement par les magnétiseurs (catalepsie, hypnose, hyperesthésie), faits aujourd'hui certains et assez bien expliqués.

La vérité est qu'on ne peut donner d'explication vraiment scientifique de ces faits, qui sont au seuil du monde que l'on doit appeler à juste titre occulte, parce qu'inexpliqué.

Aussi, ce n'est que partiellement que la lucidité peut s'expliquer par une sorte d'autosuggestion, ainsi que par une plus grande intensité de cette conscience instinctive qui rend le moribond attentif à son dernier moment. L'extraordinaire excitation de l'état somnambulique donne d'ailleurs une conscience plus nette de l'organisme, où sont inscrites en puissance les phases successives de la névrose.

De ces faits il faut rapprocher un phénomène remarqué pour la première fois par Salvioli. C'est que, dans le sommeil, l'afflux sanguin au cerveau est plus grand qu'à l'état de veille, ce qui augmente l'activité psychique tout comme l'excitabilité musculaire.

Mais cette explication n'est plus valable lorsque la lucidité s'augmente au point de faire voir les événements à l'avance, et elle ne peut non plus rendre scientifiquement compte du transfert des sens. Ce qui ressort de tout ceci, c'est que ces phénomènes se produisent chez les sujets hystériques et dans les accès hypnotiques de la grande hystérie.

§ 2. — TRANSMISSION DE PENSÉE.

Mêmes remarques à propos des cas, récemment encore peu connus, de transmission de pensée.

J'ai étudié avec Grimaldi et Ardù le cas de E. B. de Nocera, âgé de vingt ans, devenu hystérique à la suite d'un amour contrarié. A signaler chez ce sujet : facies très asymétrique, aspect féminin, sensibilité aux métaux, surtout cuivre et or, sympathies et antipathies excessives, phobie de l'obscurité, humeur très variable. Suggestionnable au point qu'on peut lui ordonner d'être insensible aux piqûres et coupures, il est lui aussi capable de transfert de sensations et de transmission de pensée. Il devine les mots et les nombres pensés par d'autres, et peut reproduire plus ou moins bien les figures que l'on dessine assez loin derrière lui, pendant qu'il a les yeux bandés. Parallélogrammes, cercles, triangles, polygones, côtes sont rendus assez bien, avec quelque hésitation dans le dessin. Une figure d'homme, un oiseau, sont reproduits assez mal, toutefois sans erreur sur l'objet suggéré. Il écrit exactement les prénoms suggérés, *Marguerite* et *Andrée*.

Des expériences analogues plus récentes ont été exécutées devant le Dr Guthrie et le professeur Herdmann de la Société Anglaise de Recherches Psychiques, et leur compte rendu forme un volume. Le sujet, miss Relph, était assis pendant que les objets choisis étaient cachés par une tenture derrière son dos. Les réponses pour les divers objets proposés, papiers rouge, bleu, etc., de formes déterminées, épée, louis d'or, trois de cœur, huit de carreau, etc., furent exactes, sauf hésitations sur des détails de forme ou de couleur.

De toutes façons, le phénomène est lié à l'état hypnotique. J'ajoute que, sur vingt individus que j'ai examinés, et qui ont pu deviner le nom d'une carte de visite, des nombres, etc., douze étaient névropathes, et c'étaient eux qui devinaient le plus vite et le mieux, surtout les yeux bandés et les oreilles bouchées. Chez trois d'entre eux le contact immédiat facilitait la lecture, tandis que chez trois autres il n'avait aucune influence. Chez un autre la personne aimée pouvait seule transmettre la pensée.

Notons que la figure humaine se transmet mieux que les figures géométriques ou les fleurs. Chez certains sujets la transmission est facilitée par l'alcool et le café. Mais ces observations personnelles comptent peu à côté des milliers d'autres analogues, bien mieux contrôlées, faites en Angleterre et en France.

En Angleterre, la célèbre *Society for Psychical Research* a expérimenté sur des individus tant endormis qu'éveillés, en leur faisant dessiner sur ardoise des figures diverses que d'autres reproduisaient sur papier à un autre étage ou en quelque autre endroit éloigné. Or les résultats justes obtenus, une fois sur cinq pour les sujets hypnotisés, une fois sur quarante-trois pour les éveillés, sont plus nombreux que n'indique le calcul des probabilités, d'autant qu'on ne tenait pas compte des demi-erreurs qui indiquent transmission imparfaite et non pas absence de transmission. Richet,

Stewart, Ochorowicz, opérant sur des sujets hypnotisés et sur d'autres éveillés, mais hystériques,
réussirent à leur faire deviner des cartes à jouer,
des noms des nombres, par transmission mentale.

C'est ce qui permet à Richet de tirer les conclusions suivantes : 1° la pensée se transmet sans
signes extérieurs d'un individu à l'autre ; 2° cette
transmission varie d'intensité avec les individus,
et elle atteint son intensité maxima dans l'état hypnotique. Ces transmissions sont encore plus
extraordinaires lorsqu'elles ont lieu à des distances
parfois considérables. Sans notre scepticisme, on
les constaterait plus souvent.

En 1887 le bruit courait qu'une fillette de
Novare avait pressenti la mort de sa mère qui habi-
tait une autre localité. De Vesme, chargé de vérifier le cas par la Société Italienne des Sciences
Psychiques, s'assura qu'il était véridique. La mère,
Anna Voretto, prise d'un malaise subit pendant
qu'elle vaquait à son commerce, meurt le jour
même. On télégraphie à sa sœur de venir avec
Stella, fillette de la défunte. L'enfant, déjà très agitée
tous les jours précédents et demandant à partir
chez sa mère, ne cessa de crier dans le train :
« Maman est morte ». Le fait est certifié par sept
témoins.

L'illustre professeur de Sanctis m'écrivait : « Je
me trouvais à Rome sans ma famille restée à la
campagne. La maison ayant été cambriolée l'année

2.

d'avant, mon frère y venait coucher. Un soir il m'annonce qu'il va au théâtre Costanzi. Rentré seul et commençant une lecture, je me sens soudain pris d'épouvante. J'essaie de réagir et commence à me déshabiller, mais je reste obsédé par la pensée que mon frère est en péril, le théâtre étant en feu. J'éteins la lumière, mais de plus en plus angoissé je la rallume contre mon habitude, décidé à attendre le retour de mon frère sans m'endormir. J'étais vraiment effrayé comme peut l'être un enfant. A minuit et demi, j'entends ouvrir la porte, et quel ne fut pas mon étonnement lorsque mon frère me raconta la panique causée par un commencement d'incendie qui avait exactement coïncidé avec l'heure de mon inquiétude. »

Le professeur Mercandino m'a conté ce qui suit d'une de ses clientes dont les fils avaient entrepris l'ascension du mont Civrari. Après s'être endormie tranquillement à minuit, elle se réveille en sursaut à 2 heures, croyant voir sur un rocher son fils Gustave pleurant et refusant de suivre son frère César, qui lui faisait boire un cordial et l'encourageait à se lever. Le lendemain, les deux frères déclarèrent à leur retour que la vision était exacte et que César pensait réellement, à 2 heures : « Si mère nous voyait et si nous pouvions revoir notre maison ».

Le Dr Pagiani a observé une dame Caroline A., âgée de vingt-quatre ans, mariée depuis deux ans,

souvent en catalepsie, à qui il suffisait de prendre
la main d'une personne pour deviner ses pensées,
même en langue étrangère ignorée. Il a pu remarquer que, chez ce sujet, la pensée se transmettait à
distance jusqu'à six mètres au moyen d'un fil de fer.

Tschurtschenthaler m'a parlé d'un enfant tyro-
lien hystérique, qui avait deux frères en Amérique,
et qui tout à coup, sans avis préalable, dit les voir
en mer, puis débarquer à Gênes, le jour même et à
l'heure où le fait eut lieu véritablement.

Ajoutons deux faits indiscutables observés par
moi :

Une dame V.. étant au théâtre à Florence, se
met à crier vers 10 h. 1/2 et veut partir, disant
voir son père malade ; rentrée chez elle, elle trouve
un télégramme annonçant la mort de son père à
10 h. 1/2. Mme V. était hystérique.

Mme F. J. avait une bonne qu'un soldat venait
voir tous les soirs, avec sa permission. Un soir,
elle refuse l'entrée au militaire et fait barricader
la porte, disant qu'elle avait eu le pressentiment
soudain qu'il la voulait voler et assassiner. Ce qui
fut reconnu véritable plus tard, après aveux de la
bonne qui voulait fuir à l'étranger avec son amant
et l'argent du vol.

Il serait facile d'expliquer tous ces faits, comme
je le faisais moi-même, en regardant la pensée
comme un mode de mouvement, ce qui en fait concevoir la transmission à grande comme à petite

distance. Mais, l'énergie des mouvements vibratoires décroissant avec le carré des distances, on s'explique bien que la pensée se transmette entre deux points voisins, mais non pas entre deux points éloignés, sans diminution d'intensité.

Ce qui ressort de tout ceci, c'est que les transmissions de pensée n'ont lieu d'ordinaire que chez les sujets hystériques ou hypnotisés.

§ 3. — PRÉMONITIONS CHEZ LES HYSTÉRIQUES ET LES ÉPILEPTIQUES.

Comment expliquer les pressentiments et les prédictions, non seulement chez les esprits élevés, génies et saints, mais encore chez les malades et même simplement en rêve, alors que l'idéation est vague et désordonnée et la personnalité désintégrée? Les exemples m'en sont venus de partout, sans les chercher et alors même que je les repoussais.

Un certain Castagneri signalait à de Vesme, en septembre 1886, le cas d'une servante B. C. qui avait rêvé que sa mère, vendeuse de fruits, était volée de 300 lires et que son frère tombait malade. Trois jours après ce rêve qui l'avait fort troublée, elle recevait une lettre lui en annonçant la réalisation ponctuelle, comme on put le vérifier par témoins.

J'ai eu à soigner le docteur C., jeune savant distingué, névropathe avéré (symptômes hystériques et épileptiques dès la puberté, avec signes de

dégénérescence et tares héréditaires). Il avait déjà
noté chez lui depuis des années des facultés de
prévision qui lui permettaient d'annoncer à sa mère
à l'avance l'arrivée de lettres, et aussi la visite
de personnes qu'il décrivait exactement sans les
avoir jamais vues. L'exemple le plus frappant
est la prédiction qu'il fit le 4 février 1894 de l'incendie de l'exposition de Côme qui eut lieu le
6 juillet.

Le *Journal of the Society for Psychical Research,*
de mars 1897, cite le cas d'une dame en villégia-
ture à Trinity avec sa fillette de dix ans. Un jour
que celle-ci jouait dehors près de la voie ferrée,
la mère entend une voix intérieure l'avertissant
d'aller prendre l'enfant menacée d'un terrible accident. Elle le fait aussitôt, et une demi-heure après
le train déraillait, se fracassait à l'endroit même
où avait joué la fillette et trois des hommes de la
locomotive étaient broyés.

Dans l'histoire du brigandage en Italie de
de Vitt on trouve le cas du lieutenant Perrino. Il
rêve une nuit qu'il est pris, lui et son ordonnance,
dans une expédition contre les brigands, attaché
à un arbre et fusillé. Le lendemain à table il raconte
son rêve dont tous les convives se moquent. Le
jour d'après la compagnie de carabiniers part en
expédition et, après une lutte acharnée contre une
grande troupe de bandits, le lieutenant et son ordonnance sont pris, attachés à un arbre et fusillés.

Historique est aussi le rêve qui fit retrouver à
Jacques Alighieri treize chants égarés de la *Divine
Comédie*. Après la mort de Dante, son fils se mit à
rassembler et à mettre en ordre les manuscrits
dispersés. Treize chants restaient introuvables
malgré toutes les recherches. Jacques se découra-
geait, quand une nuit il eut un rêve vraiment
merveilleux. Il lui semblait voir son père, vêtu de
blanc et entouré d'une lumière surnaturelle, le conduire dans la chambre où il dormait pendant sa
vie terrestre et lui indiquer une cachette contenant
les treize chants perdus, lesquels y furent en effet
retrouvés le lendemain.

§ 4. — LUCIDITÉ ET PROPHÉTIE EN RÊVE.
ÉTUDES DE MYERS.

C'est Myers qui a le plus approfondi l'étude de
ces phénomènes mystérieux. D'après lui le sommeil
est un état tantôt plus lucide que l'état de veille,
tantôt inférieur et marqué par la désintégration
psychique. Il n'y a pas lieu alors de s'étonner que
l'extase lucide ou le délire puissent également se
substituer au sommeil ordinaire. Comme exemple
de délire, citons le cas, indiqué par sir Crichton
Browon, d'un maniaque qui ne dormait jamais,
travaillant tout le jour comme les autres ouvriers et
passant la nuit à crier et à se démener, sans en
souffrir ni diminuer de poids.

Ce sont les songes qui ont tout d'abord induit l'homme à croire à l'existence d'un *moi* intelligent, et toujours on a cru y voir les présages des événements, bien qu'on ne les ait jamais étudiés de façon vraiment scientifique. Il y a aussi des songes, mais assez rares, qui nous incitent à agir. Le rêve peut être regardé comme quelque chose d'intermédiaire entre le sommeil et la veille. On peut l'expliquer en grande partie :

1º Par une plus grande acuité des sens, hyperesthésie capable de provoquer des hallucinations ;

2º Par une plus grande suggestibilité ;

3º Par l'intensification de la mémoire ;

4º Par le ressouvenir de faits oubliés (cryptomnésie) ;

5º Par des rappels et des suggestions de notre vie active de veille.

Ainsi s'explique que dans le sommeil on puisse, comme les somnambules, voir dans l'obscurité, soit par hallucination, soit par souvenirs d'images qui se prolongent dans le rêve, soit par hyperesthésie de la rétine. Par exemple miss Mason, réveillée à l'improviste dans une chambre obscure, y distingue divers objets, et de plus deux barres de fer contre une porte, passées inaperçues à l'état de veille. On comprend mieux qu'on puisse se rappeler en rêve des faits complètement oubliés, ainsi que d'autres perçus sans attirer notre attention.

Des exemples du premier cas sont donnés par

Delbœuf qui, obsédé en rêve par les mots *Asple-
nium Ruta Muralia* et incapable d'en découvrir
l'origine, les retrouve ensuite en un ancien manuscrit de sa main. Citons aussi le cas de Borockelbank
qui, perdant un couteau et le cherchant en vain,
rêve de l'avoir mis dans une poche de pantalon,
où il le retrouve en effet. Miss Crellin perd un dia-
mant incrusté dans une bague, voit en rêve le coin
où elle l'a laissé tomber et l'y retrouve le lendemain. Miss Flora Tuart, jouant au croquet, perd un
anneau de prix et le voit en rêve sous un banc
devant la maison.

Un enfant, à qui on avait fait cadeau d'une
bague, l'égare. La première nuit il a un rêve
vague qu'il oublie au réveil, et la nuit suivante
un autre plus précis qui lui fait retrouver l'objet
perdu.

Un jardinier allant en ville perd en route une
bourse avec de l'argent et désespère de la ravoir à
cause de la grande circulation. Il voit ensuite en
rêve l'endroit exact de la chute et y retrouve la
bourse. M. Herbert Leurs perd une lettre importante, la cherche tout le jour en vain dans une
chambre. Un rêve la nuit suivante la lui fait retrouver dans un coin de cette chambre.

Ce sont là des cas de cryptomnésie, de revivis-
cence de la mémoire dans le sommeil. Par là s'expliquent aussi les problèmes résolus en rêve.

Hayes, artiste éminent, enseignant la géométrie

à ses fils, ne peut trouver la troisième solution du problème, *tirer une droite sur un plan*, dont il ne peut citer que deux solutions. Un rêve ultérieur lui montre clairement la figure géométrique donnant le troisième cas du problème.

Un caissier, Davey, fait dans ses comptes une erreur dont il se tourmente toute une semaine sans pouvoir la retrouver. Il refait en songe tous les calculs et découvre l'erreur.

Jusqu'ici l'explication est facile. Mais comment comprendre la connaissance en rêve de choses absolument ignorées du sujet et l'exacte prévision de la date de sa mort? Miss Carleton voit une amie en songe le lendemain du décès de celle-ci, et la morte lui annonce qu'elle reviendra en rêve vingt-quatre heures avant sa mort, ce qui arriva en effet quarante ans après.

Miss Arabella Barret voit en songe sa sœur morte, laquelle lui prédit qu'elle mourrait au bout de cinq ans, ce qui fut vérifié.

Ces cas nous montrent dans le rêve une lucidité vraiment inexplicable.

M. Peterson, occupé d'affaires minières au Bengale, découvre un jour dans sa caisse un fort déficit qu'il ne peut s'expliquer. Dans un songe, la nuit suivante, il entend prononcer le nom de Baboo, lequel fut peu après reconnu l'auteur du vol.

Un magistrat juge entre deux associés, dont l'un

était mort. Le survivant se disait créancier, tandis que l'héritier du défunt le prétendait débiteur. Le juge, la nuit d'après, voit en songe un livre de commerce d'un des plaideurs et y découvre des renseignements sur l'affaire. Il se le fait apporter, à son réveil, et y retrouve la page vue en rêve.

Un inspecteur, chargé de surveiller une certaine étendue de voie ferrée, entend en rêve une voix qui lui crie par trois fois : « Veille au pont ! » Le jour suivant, il s'aperçoit que les piles en étaient minées par l'eau.

Brighton, capitaine de navire, dormant par temps calme, entend en rêve : « Prends garde, vous allez couler ». L'angoisse le réveille, il court à demi vêtu sur le pont et voit la mer tranquille sans rien de menaçant. Il revient s'habiller dans sa cabine, la voix continue à l'obséder, il retourne sur le pont et, regardant dans la direction de la voix, il voit venir au loin un grand vapeur qui l'aurait infailliblement coulé.

Ajoutons deux cas tout récents, l'un de vision à distance en rêve, l'autre de prémonition, contrôlés par témoins à Chicago et à Turin.

Miss Loganson de Chicago, âgée de dix-neuf ans, voit assassiner en songe son frère Oscar, agriculteur à Marengo, à 80 kilomètres de là, et elle accuse du meurtre avec insistance un cultivateur voisin. Tout d'abord on ne fait pas attention à ses dires, puis on lui permet d'envoyer une dépêche. On reçoit

comme réponse : « Oscar disparu ». La jeune fille part
alors pour la ferme d'Oscar avec un de ses frères
et des agents de police. Elle les conduit directement à la maison d'un certain Bedford, où l'on
découvre dans la cuisine des traces de sang. Miss
Loganson ne s'y arrête pas et se dirige vers un
poulailler. Bien que les agents fassent remarquer
la vieillesse du pavage, ils consentent à faire des
fouilles devant l'insistance de la jeune fille et sa
terrible agitation. C'est ici, dit-elle, que mon frère
est enterré. On ne trouve d'abord qu'un manteau,
puis, en continuant les fouilles, le cadavre d'Oscar
à 1m,50 de profondeur. Bedford fut arrêté peu
après à Ellis (Nebraska) et reconnu coupable.
Miss Loganson déclara que l'esprit de son frère
l'obsédait depuis quelques jours.

Rosa Tirone, servante hystérique de trente-cinq
ans, rêve qu'un jeune homme de son pays, aimé
d'elle, lui dit de jouer à la loterie quatre numéros :
4, 53, 25, 30. Peu après la Tirone joue une certaine
somme sur ces nombres, lesquels sortent en effet
le samedi suivant.

Cet ensemble de faits permet de conclure à l'existence d'une nombreuse série de phénomènes en
dehors des lois de la psychophysiologie et ayant
pour caractère commun et constant de se manifester le mieux chez les hystériques et les névropathes ainsi que dans l'hypnose et le rêve. Ces états
sont marqués par l'inaction plus ou moins complète

de l'idéation normale et par la prédominance de l'activité inconsciente, laquelle échappe à l'étude scientifique. C'est ce qui montre qu'une fonction peut être suractive lorsque son organe est tout à fait inactif.

§ 5. — PHÉNOMÈNES PHYSIQUES ET PSYCHIQUES CHEZ LES SUJETS HYPNOTISÉS.

Tous ou presque tous les phénomènes observés chez les hypnotisés m'ont paru sortir des lois de la physiologie et de la pathologie et rentrer dans l'inconnu. Donnons les résultats de quelques recherches sur ce sujet.

Mémoire. — Les phénomènes de mémoire sont ceux qui m'ont le plus frappé par leurs singulières variations suivant les individus et les cas. Tandis que l'intelligence, comme nous le verrons, est obscurcie dans l'état hypnotique, il est curieux de voir combien la mémoire y est parfois surexcitée.

Énonçant à Chiarl., jeune étudiant hypnotisé, douze groupes de chiffres, il me répète au bout d'une demi-heure les six premiers groupes, avec une seule erreur. Bien qu'il ignore l'allemand, je lui ordonne de lire une ligne de cette langue et de la transcrire au bout d'une demi-heure. Il réussit à en reproduire les lettres, dans leur forme gothique, avec trois erreurs seulement sur soixante lettres. Le livre fermé, il put retrouver la page et la ligne.

J'ai pu vérifier, comme Delbœuf, que le souvenir d'un rêve suggéré se conserve au réveil chez le sujet, pourvu qu'il ait à la main un objet en rapport avec le rêve. L'ordre de conserver le souvenir de l'acte accompli en rêve ne m'a pas paru très efficace. J'ai remarqué parfois la persistance d'un souvenir vague, sans ordre préalable.

A remarquer aussi le grand changement de la personnalité, tant dans la pensée que dans l'écriture, sous l'influence de la suggestion. On suggère au sujet Col. le personnage de Garibaldi, et il écrit ce vibrant ordre du jour : « Soldats, nous attendons aujourd'hui de vous des prodiges de valeur », d'une écriture très énergique.

Les ordres à exécuter au bout d'un certain temps le sont très exactement dans la proportion de cinq sur sept. Les sujets, une fois réveillés, distraits et occupés de toutes façons, se troublent et s'interrompent soudain, juste à l'heure suggérée, et exécutent l'ordre.

C'est ce que l'on savait déjà des hystériques, qui souvent prévoient exactement, des semaines et des mois à l'avance, le jour, l'heure et même la minute de leurs accès, alors que montres et pendules sont arrêtées et qu'on les distrait de toutes façons.

Ce fait, déjà signalé par Richet, paraît inexpli-

3.

cable, la division du temps étant œuvre humaine artificielle. Il faut admettre qu'il peut se former dans le cerveau, par l'exercice, un centre spécial pour la mesure du temps, tout comme pour l'écriture, centre pouvant devenir ultra-sensible dans les états ci-dessus.

Il existe pourtant des exceptions. Chiari. en présente en ce cas comme en bien d'autres; de même la femme Verol. Ces deux sujets oublient parfois, même au bout de peu de temps, d'exécuter un ordre au moment suggéré. Ils se montrent cependant agités, comme s'ils oubliaient un devoir pressant. Mais cette inquiétude disparait dès qu'on leur rappelle la chose à faire, et aussitôt ils exécutent l'ordre avec ardeur, comme poussés par un besoin irrésistible. Si par exemple on suggère à Chiari. de lire au bout de vingt-huit minutes une ligne donnée d'un livre allemand, ce temps écoulé, il parait soucieux et regarde de tous côtés sans rien faire. Mais, dès qu'on lui met sous les yeux le livre mêlé à d'autres objets, il se précipite dessus avec un sourire de satisfaction, l'ouvre et lit la ligne.

Ces cas montrent que dans l'hypnose se vérifie la marche normale des associations d'idées se réveillant les unes les autres et déterminant les volitions. Même vérification des lois d'association dans les cas suivants.

Suggérant à Col. un personnage de brigand, il n'accepte la suggestion qu'avec répugnance. Mais, dès qu'elle est reçue, il se montre violent, brandit une plume en guise de poignard et transperce des ennemis imaginaires. Il écrit une lettre de l'écriture brutale des criminels. Un moment après, lui ayant suggéré une personnalité d'enfant, il écrit d'une écriture enfantine et douce. Plus tard les deux suggestions se confondent, la seconde se superposant à la première, et l'écriture présente le même mélange, ainsi que le style.

On a ici la preuve de ce que Sergi appelle la stratification du caractère. La seconde suggestion fait partiellement oublier le personnage antipathique de brigand et fait prévaloir le rôle sympathique de l'enfant. A remarquer la facilité avec laquelle les hypnotisés, même mégalomanes, acceptent ce dernier. Ce qui s'explique par le souvenir toujours doux de cet âge, par la sympathie qu'il inspire même aux plus durs, et surtout parce qu'il est le mieux en rapport avec l'état de passivité mentale du sujet.

Mêmes confusions et superpositions de suggestions, par des suggestions nouvelles, et aussi par de simples changements dans les mouvements musculaires. En faisant froncer à l'hystérique V. le muscle ciliaire droit, on provoque chez elle des idées tristes ; en agissant sur le muscle risorius, des idées gaies apparaissent et se mêlent aux premières.

Même effet de l'hypnose provoquée sur des sujets

sains. Chiarl., à qui l'on fait simultanément contracter les muscles ciliaires et risorius, dit riant et pleurant à la fois qu'un singe fait mourir son patron à force de grimaces. Exemple de superposition rapide amenant une fusion instantanée.

Cette observation n'est pas neuve, car elle remonte à Dumontpellier et au docteur Silva. Mais dans les cas ci-dessus elle se vérifie sur des sujets simplement hypnotisés et non pas seulement sur des hystériques.

Écriture. — J'ai pu confirmer, sur hystériques et hypnotisés, une observation de Richet concernant le rapport entre l'écriture et le caractère.

J'ai réussi à donner en moins d'une heure à l'étudiant Chiarl. les caractères et les écritures d'enfant, de paysanne, de Napoléon, de professeur de calligraphie, de vieille femme; à l'étudiant Lesc. les caractères d'enfant, de jeune mariée, de paysan, de brigand; à l'étudiant Col. ceux d'enfant, de brigand, etc.

On peut ainsi par la suggestion changer le sexe, la condition, le caractère, et modifier simultanément la façon de penser, le style et l'écriture.

Il est singulier que l'essentiel de nous-mêmes, la personnalité, puisse ainsi prendre des formes nombreuses et différentes dans l'état hypnotique.

Les états hypnotiques, tant provoqués que provenant de maladies, ont une grande variété, bien que toujours analogues dans leurs grandes lignes. Nous l'avons vu pour la mémoire. Voyons maintenant pour la volonté.

Volonté. — Elle est d'ordinaire abolie et souvent remplacée par celle de l'hypnotiseur. On sait que les sujets hypnotisés se rebellent parfois contre les suggestions opposées à leur caractère; et c'est ce qui permet de mesurer jusqu'à un certain point la force de caractère.

Une femme hystérique et débauchée, mise en état d'hypnose, acceptait volontiers les personnages de voleur, de séducteur, d'officier, mais se révoltait lorsque je voulais la transformer en savant ou en prédicateur de morale. Il lui répugnait plus de changer de caractère que de sexe.

La plus curieuse preuve de cette répugnance m'a été donnée par deux étudiants, Col. et Chiarl., à qui j'avais suggéré le rôle de voleur. Plutôt que de m'obéir, ils s'échappèrent de la chambre, courant comme des fous dans la cour. Mais l'un d'eux consentit après hésitation au rôle de brigand, plus acceptable par son côté héroïque. Les rôles de femme et de chiffonnier furent rejetés avec dédain, ce qui s'explique par la tendance mégalomane manifeste chez les hypnotisés comme chez les enfants et les sauvages.

Le même Chiarl. se réveillait de suite si on lui

imposait des suggestions absurdes ou contraires à
son caractère. Mais il acceptait celles qui ne l'étaient
pas trop. C'est ainsi qu'il consentait à être Napoléon
en même temps qu'enfant, le génie même passant
par l'enfance. Tout ceci prouve que le caractère
nous détermine plus que l'intelligence, et que la
suggestion a une limite, toutefois reculable par
l'éducation hypnotique.

Intelligence. — Elle semble souvent diminuée.
La parole surtout est affaiblie. Aussi les sujets se
décident difficilement à parler, à moins d'ordre
formel ou de forte excitation. Une hystérique ne
répond que si on lui comprime les dernières ver-
tèbres, en lui ordonnant énergiquement de parler.
Les sujets se prêtent à agir et à écrire. L'excitation
même de la suggestion hypnotique, l'invasion de la
nouvelle personnalité suggérée, font qu'ils agissent
et écrivent parfois bien mieux que dans la veille.

Un banquier, à qui l'on suggère d'être photographe, exécute parfaitement les opérations de ce
métier qu'il ignore à l'état de veille. Le jeune
Chiarl., devenu Napoléon, s'exprime éloquemment
en langue française qu'il ne sait guère. Il chante,
joue et écrit la musique bien mieux qu'à l'état de
veille. Le jeune L., à qui l'on suggère d'être femme,
exécute une broderie compliquée. Il ignore la broderie, mais il a dû voir broder ses sœurs, sans y
prêter attention, suite d'opérations qui s'est fixée

et développée dans l'inconscient et qui a reparu sous l'influence de la suggestion.

Toutefois les individus incultes acceptent et jouent mal le rôle de personnages illustres, restent vulgaires et ont de la répugnance à écrire.

Actions de diverses substances. — Après Bourrou, Burot et Richet, nous avons étudié, sur des sujets hypnotisés, les effets de divers médicaments agissant à l'extérieur du corps. Un flacon de teinture de cantharide, appliqué sur la main, provoque chez Victorine M., et plus encore chez la femme R., des gestes érotiques bien nets ; l'alcool produit chez elles des signes d'ivresse : langue empâtée, gestes hésitants, etc. Un marin, qui pouvait boire impunément une certaine dose d'alcool et de chloral, tombe ivre et s'endort, une fois hypnotisé, au seul contact de ces deux corps. Une solution de morphine dans du laurier-cerise, mise dans les mains d'une hystérique, provoque le sommeil et des hallucinations gaies. Chez le même sujet, un flacon de valériane, substitué à la morphine, produit aussitôt de l'excitation et une sensation de brûlure, qu'un tube de chloral calme instantanément. L'alcool lui fait voir des bêtes féroces.

Chez une hystérique en état de somnambulisme, Luys a constaté qu'une même substance, appliquée derrière la tête, pouvait produire des expressions

de physionomie différentes, suivant qu'on la mettait du côté droit ou gauche, et il a vérifié ce phénomène pour trente-cinq médicaments différents,
enfermés en des tubes.

Un pot de jaborandi provoque de la salivation et
des sueurs abondantes. Le laurier-cerise produit
des convulsions et aussi de l'extase et des visions
religieuses ; l'alcool éthylique une ivresse furieuse ;'
la pilocarpine sucre la salive.

Cette méthode permet de calmer de violents
accès de convulsions. Les contractions hystériques
cessent au contact de tubes de valérianate d'ammoniaque. Luys note, chez beaucoup d'hystériques,
la diminution du nombre des accès par la seule
action d'un tube de bromure de sodium, tenu à
distance.

Chez mon sujet Chiarl., un paquet d'un centi-
gramme de quinine, appliqué derrière la nuque,
produit immédiatement des sensations de bruit
violent et de saveur amère.

Les médicaments ont ainsi des effets physiologiques et psychiques, que les médecins ne connaissaient guère jusqu'ici. Toutefois les homéo-
pathes, à qui la science médicale doit tant, avaient
déjà soupçonné ces actions à distance et en avaient
signalé quelques-unes. On connaissait celle de
l'aimant. L'homéopathe Bichmann avait montré
qu'un flacon de mercure, en simple contact avec la
main, produit souvent des accidents mercuriels.

§ 6. — POLARISATION ET DÉPOLARISATION PSYCHIQUES.

Parmi tant d'étranges phénomènes, exceptionnels à l'état de veille et fréquents dans l'hypnose, notons celui que Féré et Binet appellent *polarisation psychique*, qui fait que l'aimant intervertit la disposition d'esprit suggérée. Bianchi et Sommer font à Mlle X... la suggestion suivante : « Magnifique journée d'avril, prenons le train, ce sera un voyage agréable ». Le visage du sujet exprime la joie et il se lève pour sortir. Aussitôt qu'on lui applique l'aimant à la nuque à un demi-centimètre de la peau, il se trouble, s'arrête et s'écrie : « Terrible accident, train déraillé, impossible de partir ».

Autre suggestion : « Nous sommes à Pausilippe, la mer est calme, argentée par la lune, montons dans cette barque. » Le sujet se montre charmé par ce spectacle enchanteur, et il fait le geste de s'embarquer. On lui applique l'aimant, aussitôt il recule l'air épouvanté, disant être au bord d'un profond précipice.

En d'autres cas j'ai observé, non pas renversement de la suggestion par l'action de l'aimant, mais suppression ou simple modification, et c'est ce que j'appelle *dépolarisation*.

Le cas le plus remarquable est celui où l'application d'un pôle de l'aimant supprime les hallucinations hypnotiques, que l'autre pôle réveille au contraire.

Le sujet R. P., âgé de treize ans, de mère hystérique, lui-même névropathe à la suite d'une
blessure, souffre d'une coxalgie grave. Au bout de
quarante jours, allant déjà mieux, il tombe soudain
en sommeil hypnotique et perd les sens de la douleur, de la vue et de l'ouïe. Les accès se multiplient,
deviennent réguliers, durant tantôt des secondes
et tantôt des heures. Pendant l'accès, le sujet voit
les yeux fermés, il est sensible au bronze, au zinc,
au cuivre, qui lui donnent une sensation douloureuse, à l'or, qui lui donne une sensation chaude
agréable, et surtout à l'aimant. En effet l'accès se
calme immédiatement après l'application des deux
pôles de l'aimant. Le pôle nord a le même effet
tandis que le pôle sud réveille le mal. L'aimant
agit même à travers les couvertures du lit.

Aidé d'Ottolenghi, j'ai fait sur neuf sujets 170 observations sur ces effets divers de l'aimant, déjà
étudiés par de Rochas. Dans 62 °/₀ des cas, nous
avons obtenu l'action polarisante sur des hallucinations et illusions psychosensorielles, qui chan-
geaient en sens opposé sous l'action de l'aimant :
dans 38 °/₀ des effets de dépolarisation ou de simple
changement sans opposition. Pour les hallucinations
psychiques on obtint toujours la polarisation, pour
les sensorielles le second effet. Citons des exemples
pour éclaircir tout ceci.

A un certain Mac., âgé de cinquante-six ans,
devenu hystérique à la suite d'une émotion, facile-

ment hypnotisable, on suggère la vision d'un ange aux ailes vertes. Sous l'application de l'aimant, l'ange devient un diable aux ailes rouges; une madone blonde, vêtue de rouge, devient un diable également rouge. Ici polarisation de l'hallucination psychique, mais non de l'optique.

On fait voir à Amb., dans le sommeil hypnotique, une photographie de brigand; l'aimant le change en femme. Chez ce sujet on polarise même la personnalité. On lui fait croire qu'il est brigand; l'aimant le change en ouvrier honnête, en même temps que son revolver devient outil. On obtient également une double polarisation simultanée. On lui met dans une main un revolver, dans l'autre une pelote de fil, pendant qu'on lui suggère d'être d'un côté brigand, de l'autre femme. Sous l'action de l'aimant le côté brigand devient paysan honnête, le côté femme devient homme. Chez ce même sujet les hallucinations sensorielles changent sans se polariser. L'aimant transforme une fleur rouge en fleur blanche, une rose en fleur rouge, rend amer le vin et acide l'eau sucrée.

Chez G., sujet souvent hypnotisé, la vision d'un squelette se change en jeune fille, l'homme en femme et inversement, une nymphe païenne en horrible sorcière, l'eau sucrée en eau salée, et un tablier rouge en tablier blanc.

Chez un quatrième individu alcoolique, des laines rouges et jaunes deviennent blanches, le vinaigre amer, l'eau douce acide. Ici dépolarisation.

Chez un cinquième sujet, l'aimant entier fait voir blanche une croix noire; le pôle sud seul la rend jaune; le pôle nord la fait revoir noire. Cependant le sucre, que le sujet aime beaucoup, ne change pas de goût sous l'action de l'aimant. Chez un autre, l'aimant, simplement approché de la nuque, affaiblit les images; mis en contact avec la peau, il les fait disparaître.

A remarquer que, chez cinq sujets sur neuf, le doigt appliqué sur la nuque produit le même effet que l'aimant. Ce dernier n'a pas d'effet dans le cas de passions ou d'habitudes très fortes.

Notons que l'hallucination se comporte chez presque tous les sujets comme une image réelle. Elle s'agrandit avec une lentille grossissante; la pupille se dilate lorsqu'on suggère l'image d'un objet éloigné; elle se contracte dans le cas contraire. Ces expériences et d'autres semblables, faites au nombre de soixante-cinq sur quatre sujets, donnèrent les mêmes résultats dans soixante-trois cas. Preuve que l'image suggérée se comporte comme une image réelle.

Polarisation et dépolarisation pourraient s'expliquer par un changement d'orientation des cellules corticales, dû au mouvement moléculaire de l'aimant. Mais alors pourquoi le doigt a-t-il le même effet? Comment expliquer que les images suggérées se comportent comme les réelles, que l'image hallucinative suive les lois de l'optique?

Les sensations visuelles qui partent des centres corticaux des sujets hypnotisés auraient les mêmes propriétés que celles qui se forment dans nos sens normaux. Les images corticales hallucinatives seraient sujettes aux modifications provoquées par les milieux interposés, comme si les centres sensoriels corticaux pouvaient se substituer aux organes des sens et agir sans eux. Tout cela semble physiologiquement absurde.

Et comment expliquer que la simple application d'un aimant puisse changer presque instantanément la personnalité, qui est la chose la première à apparaître et la dernière à disparaître chez nous?

Ici, comme dans les transmissions de pensée, les transferts de sensations, les songes prémonitoires, nous avons affaire à des phénomènes en complète opposition avec les lois physiologiques. Ces phénomènes, qui ont lieu dans l'hystérie et l'hypnose et grâce à elles, alors que la désagrégation des facultés psychiques fait prévaloir l'automatisme et l'inconscience, nous conduisent à admettre l'existence d'une série de faits sans explication certaine, et par suite rentrant plutôt dans l'ordre occulte que dans l'ordre physiologique.

DEUXIÈME PARTIE

SPIRITISME

CHAPITRE I

Phénomènes spirites d'Eusapia.

L'objection que les faits spirites sont inexplicables par les lois de la physiologie n'était donc plus suffisante. Bien qu'encore hésitant, je consentis, en mars 1891, à une séance en plein jour, seul à seul avec Eusapia Paladino, et voyant de lourds objets se soulever sans contact, j'acceptai dès lors de m'occuper de ces phénomènes.

*
* *

Eusapia Paladino, née à Murge en 1854, voit à l'âge de huit ans égorger son père par des bandits. Maltraitée par son aïeule, puis abandonnée à la rue, elle est recueillie par charité chez de riches bourgeois de Naples. Dès l'enfance, elle est sujette à de singuliers phénomènes, entend des coups sur les meubles où elle s'appuie, se sent déchirer la nuit ses vêtements et voit des fantômes.

En 1863, Damiani, assistant à une séance spirite
dans la famille qui a recueilli Eusapia, constate
que la présence de celle-ci coïncide avec d'extraordinaires phénomènes de *raps* et de mouvements
d'objets. Dès lors Damiani et Chiaia s'occupent de
son éducation de médium, et la pauvre enfant,
trouvant là un gain qui la rend indépendante, fait
du spiritisme sa seule occupation.

Le détail de toutes les expériences faites en
Europe avec Eusapia Paladino demanderait un
gros volume. Je me borne ici à mes dix-sept
séances de Milan en 1892, en compagnie d'Aksakoff, Richet, Finzi, Ermacora, Brofferio, Gerosa,
Schiaparelli, du Prel, résumées par Finzi, et où
nous prîmes les précautions coutumières : visiter
le médium, changer ses habits, lui lier ou tenir
les mains et les pieds, avoir sur la table une lampe
électrique pouvant être allumée ou éteinte instantanément. Je résume aussi d'autres séances importantes à Gênes, Milan et ces dernières années à
l'Institut Général de Psychologie de Paris.

EXPÉRIENCES AVEC EUSAPIA A MILAN, 1892. PHÉNOMÈNES OBSERVÉS A LA LUMIÈRE.

a) Soulèvement de la table sous les mains du
médium qui se tient à l'un des côtés courts.

On se sert d'une table de sapin faite exprès.
Après divers mouvements, on entend de nombreux
coups, après quoi la table se lève plusieurs fois de

suite, brusquement et avec force, du côté du médium, comme si elle était soudée à ses mains. Ces
mouvements sont d'autant plus remarquables que
le médium reste constamment assis à l'une des
extrémités et que nous ne cessons de lui tenir les
pieds et les mains. Puis nous nous levons tous, laissant seul le médium à la table bien éclairée par-
dessus et par-dessous, et y appuyant ses deux mains.
La table se lève encore d'un côté, suivant un angle
de trente à quarante degrés, et reste ainsi quelques
minutes. Appuyant la main sur le côté soulevé,
nous sentons une résistance considérable.

b) Mesure de la force appliquée au soulèvement
latéral de la table attachée par un côté court à
un dynamomètre. Le médium est assis à ce côté
court, les mains complètement sur la table, à
droite et à gauche du point d'attache du dynamomètre. Nous faisons alors la chaine, les mains
appuyées sur la table sans pression, position qui
d'ailleurs n'aurait pu qu'augmenter celle-ci. Sur
notre désir que la pression diminue, la table se
soulève du côté du dynamomètre, et le professeur
Gelosa qui suit les chiffres, annonce successivement 3, 2, 1, 0, jusqu'à ce que le soulèvement
devienne tel que l'appareil repose horizontalement
sur la table.

Nous renversons les conditions, mettant ainsi
que le médium les mains sous la table, les paumes
en dessous, ce qui ne pouvait que diminuer la

traction du dynamomètre. Nous exprimons le désir
que celle traction s'augmente au contraire, et aussitôt Gelosa annonce une augmentation de 3 à
5 kil. Pendant toute l'expérience, chaque pied du
médium était maintenu sous les pieds de ses voisins de gauche et de droite.

c) Soulèvement complet de la table.

Il était naturel de le supposer après le soulèvement partiel, déjà contraire aux lois de la pesan-
teur. C'est l'un des phénomènes les plus fréquents
chez Eusapia, et il se prête à un contrôle satisfai-
sant. Nous sommes assis les mains sur la table et
faisant la chaîne, le médium assis comme d'ordinaire à un côté court, mains, pieds et genoux
maintenus par ceux de ses voisins. Au bout de
quelques minutes, la table a des mouvements d'os-
cillation, se levant tantôt à droite et tantôt à
gauche, se soulève en entier des quatre pieds
et retombe de même après être restée en l'air
quelques secondes, oscillant comme si elle flottait
sur un liquide. La hauteur atteinte est ordinairement de 10 à 20 centimètres, parfois de 60 et 70.
Pendant l'expérience, le visage du médium se convulse, ses mains se contractent, il gémit et semble
souffrir, comme toujours lorsque quelque phénomène va se produire.

Nous éliminons successivement les différentes
personnes autour de la table, ayant reconnu qu'une
chaîne nombreuse n'était nécessaire ni pour ce

phénomène ni pour d'autres. Finalement une seule
personne reste à la gauche du médium, lui main-
tient les pieds sous les siens, lui met une main sur
les genoux, pendant que l'autre main tient la main
gauche du médium, dont la main droite reste bien
en vue sur la table et même se lève en l'air pendant
la lévitation. Celle-ci durant plusieurs secondes. on
put en obtenir quelques photographies.

À remarquer que, un peu avant le soulèvement. la
jupe d'Eusapia se gonfla du côté gauche au point
de toucher la table. Dès qu'on voulut éviter le contact, soit en écartant la robe avec les mains, soit
en essayant d'opérer tous debout, y compris le
médium, soit en plaçant celui-ci à l'un des longs
côtés, de façon à isoler toutes les jambes, je dois
déclarer qu'on ne put rien obtenir.

Un soulèvement complet de 60 centimètres a été
obtenu et photographié à l'Institut Psychologique
de Paris ; un autre, plus net encore, par le médium.
Carancini à Rome, avec table complètement en l'air
au-dessus des têtes.

d) Variation de la pression exercée par le corps
du médium assis sur une balance.

On constate plusieurs fois de suite des différences de 10 kilogrammes en plus ou en moins du
poids naturel, 62 kilogrammes, médium et siège
compris. Dans ce cas aussi, le succès de l'expérience semble dépendre du contact du vêtement
d'Eusapia avec le plancher.

e) Apparitions de mains sur fond légèrement lumineux.

Nous posons sur la table, sur les sièges et en d'autres points de la pièce des cartons recouverts de substance phosphorescente. Nous voyons alors nettement une main se profiler en noir sur le carton de la table et passer plusieurs fois sur le fond lumineux des autres cartons. Un autre soir, l'un de nous voit à plusieurs reprises, non pas une, mais deux mains, se profiler nettement en noir contre la fenêtre fermée mais laissant passer un peu de la faible lumière du crépuscule. Cette vue simultanée des deux mains, et le fait qu'elles frappaient l'une contre l'autre, exclut toute fraude de la part du médium qui n'aurait guère pu dégager qu'une main du contrôle de ses voisins.

f) Élévation du médium sur la table.

Nous l'avons constatée à deux reprises. Richet et moi nous tenons les mains du médium assis, en état de *trance* et gémissant. Sa chaise est enlevée avec lui et déposée doucement sur la table. Nous ne cessons de tenir Eusapia par les mains et de suivre son mouvement, sans y aider. Quelque temps après, chaise et médium sont remis à terre avec la même douceur, Richet et Finzi accompagnant le mouvement, mais sans aucun effort de leur part. Pendant la descente, ils sont touchés légèrement sur la tête par une main.

g) Attouchements.

Quelques-uns méritent d'être mentionnés, ayant été ressentis par des personnes hors de portée des mains du médium.

Le professeur Gerosa sent plusieurs fois une main qui s'efforce d'abaisser la sienne ; il est ensuite *frappé* par une trompette dont il vient d'entendre le son en l'air. A remarquer qu'il est assis à un angle du côté court où se tient Eusapia.

Deux fois de suite, le professeur Schiaparelli se sent enlever ses lunettes, accrochées aux oreilles, avec une délicatesse et une promptitude inexplicables dans l'obscurité complète qui régnait, et difficiles même en pleine lumière.

Un autre assistant se sent caresser la barbe et les cheveux, toujours avec la même sûreté et douceur de la part des mains mystérieuses. Ajoutons que ni le médium, ni personne. ne pouvait distinguer ses voisins.

Des corps assez lourds et volumineux, vase plein d'argile et chaise, sont déposés sur la table sans toucher aucune des nombreuses mains appuyées sur celle-ci, bien que la chaise posée en long occupe presque toute la place.

f) Contact avec une figure humaine.

L'un de nous, exprimant le désir d'être embrassé, sent deux fois de suite le contact de deux lèvres. Un autre est touché à trois reprises par une tête barbue et chevelue, donnant l'impression d'un homme vivant, et ayant les cheveux plus gros et plus rudes que ceux du médium, mais une barbe très fine.

g) Sons de trompette.

Une trompette est mise derrière le rideau situé derrière le médium, et tout à coup on entend résonner diverses notes. Les voisins immédiats d'Eusapia purent certifier que le son ne venait pas de son côté.

h) Apports.

L'un de nous met au début de la séance son pardessus sur une chaise loin du médium. A la fin de la séance, il aperçoit sur un carton phosphorescent déposé sur la table divers objets contenus dans une poche intérieure dudit pardessus, lequel est retrouvé, aussitôt la lumière faite, sur le médium qui se plaint d'étouffer, et dont les pieds et les mains durant toute la séance sont contrôlés par ses voisins. A remarquer cependant que l'attente des phénomènes et l'attention qu'on leur prête peut distraire l'attention des contrôleurs.

PHÉNOMÈNES JUSQU'ICI OBSERVÉS DANS L'OBSCURITÉ, OBTENUS ENFIN A LA LUMIÈRE, LE MÉDIUM EN VUE.

Pour pleinement nous convaincre, il n'y avait plus qu'à obtenir, sans perdre de vue le médium, les phénomènes précédemment obtenus dans l'obscurité. Puisqu'elle favorise, semble-t-il, leur production, il fallait laisser les phénomènes dans l'obscurité, tout en gardant le médium et les assistants à la lumière.

Un double rideau interposé donne un cabinet
noir, à l'entrée duquel le médium est assis, le dos
à l'obscurité, les mains, bras, pieds, ainsi que la
figure, à la lumière. Derrière le rideau es tune chaise
avec une sonnette, à environ un demi-mètre du médium ; plus loin encore, une autre chaise avec un
vase d'argile humide, à la surface parfaitement lisse.
Dans la partie éclairée, nous formons la chaîne
autour de la table, laquelle est placée devant le
médium, dont les mains sont constamment tenues
par ses voisins, MM. Schiaparelli et du Prel.

Aussitôt les phénomènes commencent. A la
lumière d'une bougie, nous voyons s'enfler de notre
côté le rideau, où les voisins du médium mettent
les mains et sentent de la résistance ; la chaise de
l'un d'eux est tirée violemment, et cinq coups y
sont frappés, ce qui demande une diminution de
lumière. Nous allumons alors une lanterne à verres
rouges partiellement couverts. A la demande du
médium, les bords du rideau sont fixés aux coins
de la table, repliés sur la tête d'Eusapia et attachés
avec des épingles. Quelque chose apparaît alors à
plusieurs reprises au-dessus de sa tête. Aksakoff se
lève, met la main dans l'ouverture du cabinet, se
sent touché par des doigts, et enfin a la main saisie
à travers le rideau. Puis il sent une chaise lui venir
à la main, il la saisit, elle lui est reprise et tombe
à terre. Tous les assistants mettent les mains dans
l'ouverture et sentent le contact de mains. Dans

le fond noir de l'ouverture même apparaissent
plusieurs fois de suite de petites flammes bleues
au-dessus de la tête du médium. Schiaparelli est
touché plusieurs fois fortement au dos et au côté ;
sa tête est recouverte par le rideau et attirée dans
la partie obscure, pendant qu'il ne cesse de tenir
de la main gauche la main droite du médium et
de la main droite la main gauche de Finzi.

Dans cette position, il se sent touché par une
main chaude, voit des lumières qui décrivent des
courbes en l'air et éclairent un peu la main qui les
porte. Dès qu'il revient à sa place, la main apparaît
dans l'ouverture, avec plus de netteté que précédemment et sans se retirer aussi vite.

Le médium, qui n'a jamais vu ce phénomène,
lève la tête pour mieux observer et aussitôt la
main s'approche comme pour le toucher au visage.
Du Prel, sans quitter la main d'Eusapia, introduit
la tête dans l'ouverture, au-dessus de la tête du
médium, se sent touché fortement par plusieurs
doigts, puis entre les deux têtes la main se montre
encore. Aksakoff avance vers l'ouverture un crayon
qui est saisi par la main et lancé sur la table. Un
poing fermé apparaît sur la tête du médium et
s'ouvre lentement, montrant la main ouverte et les
doigts séparés.

Le phénomène se renouvelle plusieurs fois de
façon à nous enlever tout doute. C'est vraiment
une main humaine et vivante que nous voyons,

pendant que le buste et les bras du médium restent bien en vue et que ses mains ne cessent d'être tenues dans celles de ses voisins de gauche et de droite. A la fin de la séance, du Prel pénètre dans le cabinet et nous annonce une empreinte sur l'argile, que nous trouvons profondément marquée par les cinq doigts d'une main droite. Par là nous nous expliquons qu'un morceau d'argile ait été lancé sur la table vers la fin de la séance. Tous ces faits prouvent que nous n'avons pas été hallucinés. Bien que la position de la main mystérieuse ne permit pas de supposer qu'elle appartînt au médium, cependant nous mîmes un ruban à la main gauche de celui-ci pour bien distinguer de façon constante ses deux mains tenues par ses voisins immédiats.

Les apparitions eurent également lieu sous le contrôle rigoureux des professeurs Richet et Schiaparelli, qui y prêtèrent une attention toute spéciale, chose assez difficile, étant donné que le médium remuait continuellement les mains et, au lieu de les tenir constamment sur la table, bien en vue, les appuyait souvent sur ses genoux.

CONCLUSION

Ainsi donc tous les phénomènes observés dans l'obscurité complète ou presque complète, tels que chaises tirées fortement avec la personne assise, attouchements de mains, lumières, empreintes de doigts, etc., ont pu être obtenus par nous sans perdre de vue le médium. Nous avons pu avoir, en séance éclairée, la preuve évidente des faits constatés en séance obscure. Pour expliquer les phénomènes de celle-ci, il n'est pas nécessaire de supposer une fraude du médium ou une illusion de notre part. Preuve que les faits des séances obscures peuvent avoir les mêmes causes que les phénomènes constatés avec le médium bien en vue et assez éclairé pour être contrôlé sans cesse dans sa position et ses mouvements.

Nous pouvons aussi dire : 1° que, dans les circonstances données, aucun des phénomènes obtenus à la lumière n'aurait pu être produit par un artifice ; 2° que l'on peut en dire autant pour la plupart des phénomènes de l'obscurité. Pour quelques-uns seulement on pourrait admettre à la rigueur un artifice du médium. Mais tout ce qui précède montre que cette hypothèse est improbable, et même inutile dans notre cas, puisque, même en l'admettant, l'ensemble des faits bien certains n'en serait en rien compromis.

Suivent les signatures.

Citons d'autres faits intéressants.

A Naples, en 1893, j'ai recommencé ces expériences en compagnie de mes éminents collègues

5.

Bianchi, Tamburini, Vizioli, toujours avec Eusapia comme médium. Nous vîmes distinctement en pleine lumière un grand rideau, qui séparait la chambre d'une alcôve située à plus d'un mètre du médium, se porter tout à coup sur moi, m'envelopper et me serrer, si bien que je ne m'en débarrassai que difficilement.

Une assiette de farine est placée dans l'alcôve assez loin d'Eusapia. On allume la lumière, et l'on trouve l'assiette renversée couvrant la farine, restée sèche et cependant agglomérée comme de la gélatine. Fait inexplicable, et par les lois de la physique, et par une fraude du médium, resté les pieds liés et les mains tenues par les nôtres. Peu après, toujours à la lumière, nous voyons une grande armoire, située dans l'alcôve à 2 mètres de nous, venir lourdement à la façon d'un gros pachyderme.

En une autre séance éclairée, nous voyons Eusapia, pieds et mains immobilisés, gonfler sa robe, laquelle s'allonge sous nos yeux, comme une sorte de troisième bras, et fait résonner une sonnette.

Le médium exécute souvent les expériences suggérées par les assistants. Un soir, sur notre demande, Eusapia restant immobile, une sonnette posée sur une chaise du cabinet tombe à terre et se meut lentement de notre côté pendant quelques minutes, comme poussée légèrement par une main. Une lampe électrique s'allume et s'éteint plusieurs fois de suite, sans qu'on entende le bruit de l'interrupteur.

Ces phénomènes sont parfois si rapides qu'ils laissent subsister des doutes sur leur vraie nature ; d'autres fois ils sont lents, pénibles, indiquant un effort et une concentration intenses.

A noter un certain synchronisme entre les phénomènes et les mouvements du médium. Par exemple, en même temps que la lampe électrique s'allume ou s'éteint, je perçois un léger mouvement de l'index de la main d'Eusapia tenue dans la mienne. L'effort du médium se fait dans une direction opposée au phénomène.

Autres faits. Une lourde table de 10 kil., chargée d'un métronome, s'approche de nous, puis s'éloigne. Le métronome commence son tic tac régulier, s'arrête au bout de quelques minutes et recommence à plusieurs reprises. Mettre en marche un métronome n'est pas difficile, mais demande quelque attention, et surtout est une opération que cet instrument n'a pas l'habitude de faire de lui-même. Parfois les objets arrivant sur la table médianimique sont accompagnés du rideau, comme s'ils étaient portés par des personnes cachées derrière.

A une autre séance, un dynamomètre, presque en contact avec le rideau venu jusqu'à la table, se met en mouvement tout seul, disparaît dans le cabinet, puis de ce dernier sort, au-dessus de la tête du médium, une main tenant le dynamomètre et ayant l'air de nous le montrer. Elle se retire et au bout d'un instant le dynanomètre reparait sur la table, marquant la pression de 100 kil., que seul un homme très fort pourrait donner.

Il est certain que la pensée des assistants exerce une certaine influence sur les phénomènes. Si nous parlons de soulèvement de la table, elle se lève; si nous y frappons des coups rythmiques, ils sont exactement répétés, parfois au même point. Si nous parlons de phénomènes lumineux, obtenus avec Eusapia et non encore constatés par nous, aussitôt une lumière apparaît sur les genoux de celle-ci, s'éclipse, puis se montre sur sa tête, descend le long de son côté gauche, se fait plus vive et enfin disparaît à la hauteur de sa hanche.

Morselli, un soir, distingue à travers le rideau une silhouette humaine, dont il sent le corps s'appuyer sur le sien, et dont nous voyons les bras. Bozzano entre tout d'un coup la tête dans l'ouverture du rideau, pour regarder dans le cabinet, et n'y trouve personne. Le rideau est gonflé et cependant vide. Ce qui d'un côté parait le relief d'un corps se mouvant couvert du rideau, de l'autre côté n'est qu'une cavité dans l'étoffe, un *moulage*. On dirait l'*homme invisible* de Wells.

Un carillon arrive sur la table, comme tombé d'en haut. Il est parfaitement isolé et, pendant que nous le regardons curieusement, il joue quelques secondes. Cet instrument bien simple exige pour-

tant le concours de deux mains, l'une pour le
tenir, l'autre pour tourner la manivelle. A peine
a-t-il fini son *glin-glin* que nous entendons une
mandoline glisser par terre. Bozzano la voit sortir
du cabinet, s'arrêter derrière le professeur Morselli
et donner quelques notes; puis elle se soulève, se
pose sur la table, en fait le tour et finit par s'arrêter dans les bras de R., comme un nourrisson.

A noter, dans le mouvement de la mandoline et
des autres objets, une espèce d'orientation. Leur
mouvement est de translation plutôt que de révolution. Ils s'avancent, se retournent, vont à droite
et à gauche, en gardant la même position, comme
s'ils étaient tenus par une main. La mandoline a
toujours le manche tourné vers le médium. Les
chaises, lorsqu'elles font leurs étranges promenades
et grimpent sur les tables, ont l'air d'être tenues
par leur dossier.

MEMBRES FANTÔMATIQUES.

Dans ses cinq premières années Eusapia a produit des mouvements d'objets et des apports plutôt
que des formes fantômatiques; plus tard elle a
obtenu des mains seules, ou unies à des bras,
rarement des pieds. Ces dernières années ces bras
et ces mains apparaissaient au milieu et à la fin
des séances. Parfois ils suivaient le mouvement

des chaises et des autres objets ; d'autres fois apparaissaient, pâles et diaphanes, des figures humaines.

Bottazzi a vu nettement un poing noir sortir du
rideau de gauche, s'approcher d'une dame qui s'est
senti toucher à la nuque et à la joue. Une autre
fois il a vu une main naturelle, dont il a senti la
chaleur et la solidité, se poser sur son bras, puis
rentrer dans le corps d'Eusapia.

Dans la même séance. Galeotti a vu à gauche
d'Eusapia deux bras semblables, l'un, le vrai, tenu
par le contrôleur voisin, l'autre fantômatique qui
s'allongeait puis rentrait dans le corps du médium.
Ce dernier, à $0^m.20$ et $0^m.30$ au delà de l'extrémité de son bras naturel, fait mouvoir les objets
à l'aide de ce bras fluidique, lequel lui fait mal
comme l'autre, lorsqu'on le pique. A rapprocher
des gonflements en tuyau des vêtements d'Eusapia,
notés ci-dessus comme précédant la lévitation de
la table ; à rapprocher aussi des changements de
pression notés sur le dynamomètre et la balance.
Dans les bonnes séances, ces membres fluidiques
se prolongent parfois davantage, mais jamais à plus
d'un mètre et demi de la table.

FANTÔMES.

On a vu, mais plus rarement et à la fin des
meilleures séances, de véritables fantômes.

Je note surtout, comme constatée par plusieurs

témoins et répétée plusieurs fois, l'apparition du
fils mort de Vassallo. Morselli me dit avoir vu sa
mère lui apparaître, l'embrasser, lui essuyer les
yeux, lui dire quelques mots et, pour prouver son
identité, lui prendre la main et la porter au sourcil
droit du médium.

J'ai eu moi-même une apparition bien émou-
vante. C'était à Gênes en 1882. Eusapia à demi ivre
ne semblait pas devoir donner grand'chose. La
priant, tout au début, de faire mouvoir en pleine
lumière un lourd encrier, elle me répond dans son
langage vulgaire : « A quoi bon ces bagatelles, je
suis capable de te montrer ta mère. » Peu après,
dans la demi-obscurité d'une lampe aux verres
rouges, je vois se détacher du rideau une silhouette
voilée, assez petite comme l'était ma pauvre mère.
Elle fait le tour complet de la table jusqu'à moi,
me souriant et me disant des paroles, que les
autres entendent mais que je ne puis saisir à cause
de ma surdité. Fortement ému, je la supplie de
répéter, et elle dit : *Cesar, fio mio,* ce qui, je l'avoue,
me surprend assez, car elle avait plutôt coutume
de dire, dans son langage vénitien : *mio fiol.* Puis,
sur ma prière, elle refait le tour de la table et
m'envoie un baiser. A ce moment Eusapia était bien
tenue par ses deux voisins, et d'ailleurs sa taille
dépassait d'au moins dix centimètres celle de ma
mère. Celle-ci m'apparut encore, moins distinctement, m'envoyant des baisers et me parlant, dans

huit autres séances, en 1906 et 1907, à Milan et Turin.

Massaro, de Palerme, dans une séance à Milan, le 26 novembre 1906, vit apparaître son fils qui le saisit à pleins bras et l'embrassa.

Quelques mois avant sa mort, Chiaia m'a fait voir des dessins en relief obtenus par Eusapia en *trance*. On mettait de la poudre de craie mouillée dans une boîte couverte d'une planche maintenue par une lourde pierre. Le médium y posait la main, et dès qu'il avait dit : « c'est fait », on ouvrait la boîte et l'on trouvait des empreintes de mains et de figures. Je n'assistais pas à ses séances, mais les témoignages de Chiaia et d'un illustre sculpteur napolitain sont plus que suffisants. D'après ce dernier, pour obtenir en quelques minutes ces empreintes qui, vues de près, disent peu de chose, mais de loin sont d'une terrible et vraiment macabre expression, il faudrait plus de temps et bien des retouches, il faudrait supposer chez le médium une habileté artistique vraiment extraordinaire, tandis qu'il n'a aucune notion du dessin.

La preuve de ces faits est qu'ils ont été obtenus d'autres fois sous les yeux de Bozzano au cercle scientifique *Minerva* de Gênes, en France sous le contrôle de Flammarion à Montfort-l'Amaury, où fut reproduit le portrait d'Eusapia, et enfin sous mes yeux à Milan et à Turin.

Un soir, les fenêtres bien closes, nous tenions les mains du médium, soigneusement fouillé aupa-

ravant sur sa demande. Nous sentons tous deux
au bas du bras un corps étranger, et nous voyons
une rose tout fraîchement coupée et intacte, chose
d'autant plus inexplicable que le contact de nos
manches aurait dû la froisser.

Une autre fois Schiaparelli apporte à la séance une
main de papier. Eusapia, priée d'y écrire son nom,
trace quelques caractères, et le nom se trouve écrit
en violet, une première fois sur le dernier feuillet,
une seconde au haut du rideau, à trois mètres de
distance.

Le *Bulletin de l'Institut Général Psychologique*
de décembre 1908 donne un rapport de Courtier
sur les séances d'Eusapia en 1905-6-7-8 à Paris,
sous le contrôle de MM. Curie, Courtier, Richet,
d'Arsonval, Jourievitch, Dubierne. On y trouve
mentionnées des lévitations de table de 25, 50,
60 centimètres au-dessus du sol, et d'une durée de
27 à 52 secondes. Dubierne disant que *John* (l'esprit-
guide d'Eusapia) peut briser la table, aussitôt on
entend se rompre le pied de celle-ci.

Pour enregistrer les lévitations, on munit les
pieds de la table de contacts électriques fonction-
nant dès que ces pieds quittent le sol. Pour vérifier
si le poids de la table s'ajoute à celui du médium
pendant la lévitation, on fixe la chaise d'Eusapia
à une balance de Marey, et l'on note que, lorsque
trois ou quatre pieds sont soulevés ensemble, l'appareil enregistre une augmentation de pression,

comme si le poids de la table lévitée s'ajoutait réellement à celui du médium, et comme si ce dernier était le point d'appui de la lévitation.

Eusapia augmente et diminue à volonté son poids et celui de la table. A la distance de 45 centimètres, elle peut provoquer la rupture d'un tube de caoutchouc et celle d'un crayon. Elle brise en trois morceaux une petite table de bois, posée derrière sa chaise, annonçant à l'avance le nombre des morceaux, chose incompréhensible, étant donné qu'elle est dans l'obscurité et tourne le dos à la table.

Au côté droit de son front on remarque des lueurs blanchâtres et phosphorescentes, aux pieds de la table une lueur rosée et large.

Eusapia tire d'une machine électrique, à deux mètres de distance, des étincelles que l'on aperçoit ensuite sur sa tête; elle en tire aussi des cheveux et des mains des assistants. Les doigts à deux centimètres d'un électroscope, elle le décharge lentement.

Elle peut produire des phénomènes en pleine lumière à la fin des séances, et même au début, lorsqu'elle met de la passion à montrer sa puissance.

Elle a de la sensibilité à distance. Elle annonce par exemple que de la terre à modeler située à deux mètres est trop molle ou trop dure ; elle signale la viscosité d'un corps éloigné.

Elle possède ainsi l'extériorisation de la sensibilité tout comme de la motricité.

CHAPITRE II

Résumé des phénomènes médianimiques d'Eusapia.

Morselli résume ainsi en une courte synthèse les phénomènes donnés par Eusapia en *trance* :

Première classe. — Phénomènes mécaniques et mouvements d'objets en contact avec le médium ; Eusapia les produit facilement, aussi bien à la lumière que dans l'obscurité.

1° *Oscillations et mouvements de la table,* sans signification.

2° *Mouvements et coups de la table,* ayant une signification. Ils sont aussi très fréquents et constituent le langage conventionnel dont se sert Eusapia (deux coups, non ; trois coups, oui : etc.). Ils règlent d'ordinaire la marche des séances. Avec notre médium, la typtologie se réduit vraiment à peu de chose, à côté des merveilleuses communications d'un caractère personnel et philosophico-social données par d'autres médiums. Par compensation la table, avec Eusapia, possède un langage très riche au point de vue mimique.

3° *Soulèvement total de la table*, durant jusqu'à 78 secondes.

4° *Mouvements d'objets divers* à peine touchés par les mains et le corps du médium, par suite inexplicables par la pression très faible qu'il exerce.

5° *Mouvements, ondulations, gonflements* des rideaux du cabinet médianimique. Eusapia ne peut les produire avec ses mains ou ses pieds sévèrement contrôlés.

6° *Mouvement et gonflement* des habits du médium.

Deuxième classe. — Elle n'est qu'un perfectionnement de la première. Les effets mécaniques se produisent sans aucun contact avec la personne du médium, et à une distance qui peut varier de quelques centimètres à plusieurs mètres. Ce sont les plus discutés, parce que mal explicables par les lois ordinaires de la physique, laquelle enseigne qu'une force mécanique doit agir directement sur la résistance opposée par les corps matériels. Pourtant cette télécinésie médianimique est des plus fréquentes dans les séances de la Palàdino. Citons les phénomènes principaux de cette classe.

7° *Oscillations et mouvements* de la table, sans contact.

8° *Soulèvement spontané de la table.* Nous avons vu de vrais *cavaliers seuls* de la table, en pleine lumière du gaz, le médium enfermé et attaché dans le cabinet.

9° *Ondulations, gonflements, projections* des rideaux du cabinet. Tout ceci a lieu sans contact avec le médium solidement attaché. On dirait que des personnes invisibles soulèvent l'étoffe, l'écartent pour ouvrir, la resserrent pour fermer, et ainsi de suite.

10° *Mouvements imprimés à des corps matériels* par des mains tournées de leur côté, mais à distance. Ce phénomène a lieu ordinairement en pleine lumière et à la fin des séances. C'est là l'extériorisation de la motricité, étudiée par de Rochas.

11° *Mouvements spontanés et déplacements* d'objets divers à différentes distances, même à 2 et 3 mètres du médium.

12° *Transport sur la table d'objets éloignés.*

13° *Déplacements des chaises des contrôleurs.*— On entend souvent soulever la chaise par-dessous, etc.

14° *Mouvements imprimés à distance* à des machines, instruments, etc. Par exemple mise en jeu de mandolines, guitares, pianos, trompettes, carillons, métronomes, dynamomètres, éloignés d'Eusapia.

Troisième classe. — Elle comprend les changements de poids des corps, phénomènes les moins certains, bien que des observateurs éminents en garantissent l'authenticité.

15° *Changement spontané de poids* sur une balance. Nous avons vu osciller le bras d'une balance sans qu'Eusapia parût la toucher; mais le phénomène a semblé douteux.

16° Changement de poids du corps du médium. 5 à 10 kilos.

17° *Lévitation du médium lui-même.* — Morselli a eu l'impression que le mouvement était réel à son début, mais aidé inconsciemment ensuite par les deux contrôleurs, ce qui n'est pas mon avis.

18° *Vent venant du cabinet noir.* Il est très fréquent et on le sent presque à toutes les séances. C'est un vrai courant d'air qui vient de derrière le médium, de l'intérieur du cabinet.

19° *Froid intense.* Il est senti d'ordinaire par les deux contrôleurs et précède nombre de manifestations.

20° *Rayons lumineux* partant de la tête et du corps du médium.

En touchant la tête d'Eusapia, au point surtout fendu par une chute ancienne, et parfois aussi ses mains, on a la sensation d'un souffle tantôt tiède, tantôt froid.

La classe des phénomènes acoustiques est en partie comprise dans les trois premières classes, puisque les mouvements à distance sont souvent accompagnés du bruit des instruments mis en action.

21° *Coups, chocs et autres bruits* dans la table.

22° *Coups, chocs, donnés à distance par le médium.*

23° *Sons d'instruments de musique.* Pas très musicaux, si de bons exécutants n'assistent pas à la séance; quelque mesure cependant.

24° *Bruits de mains et de pieds.*

25° *Sons de voix humaines.*

Ce sont d'impressionnantes manifestations qui, d'après les spirites, révéleraient l'action d'*intelligences* occultes, avec effets durables sur la matière inerte. Eusapia, par son manque de culture, est plutôt pauvre en tels phénomènes.

26° *Signes mystérieux tracés à distance.* Ils consistent en signes ou taches sur la table, sur la peau des assistants ou le mur, et paraissent faits au crayon.

27° *Écriture directe.* Elle serait faite directement par les esprits, sans action visible de mains, avec instruments matériels visibles, tels que crayons, ou sans eux.

28° *Empreintes sur terre à modeler.*

Ce sont des empreintes de doigts, mains, pieds, et même de figures, celles-ci ordinairement de profil ou demi-profil. Elles donnent l'impression d'une Eusapia vieillie, et représenteraient *John King,* son père en une autre vie.

29° *Apports.* Apparition soudaine, sur la table ou dans la chambre, d'objets venus de loin à travers portes et murs, comme fleurs, branches, euilles, clous, monnaies, pierres, etc.

30° *Matérialisations*. Il s'agit de la création *ex novo* de formes plus ou moins organisées, ayant les caractères physiques assignés à la matière : résistance au toucher (*tangibles*), lumière propre (*lumineuses*), et le plus souvent propriété d'arrêter les rayons lumineux du dehors en se rendant *visibles*. La première sous-classe est celle des matérialisations solides.

31° *Attouchements, palpations, étreintes de mains invisibles.*

32° *Organisation de formes solides ayant les caractères de membres humains.* — Ce sont ordinairement des mains, des bras, et même des têtes, que l'on peut toucher à travers le rideau et qui semblent des fragments d'êtres en formation. Ce n'est que rarement qu'ils donnent l'impression tactile d'une personne entière. Saisies et serrées à travers le rideau, ces formes se retirent le plus souvent; parfois, et c'est le cas surtout des figures, elles se laissent toucher longuement. La bouche invisible fait même le geste d'embrasser, de mordre, etc., geste empêché toutefois presque toujours par le rideau.

32° bis. *Organisation de mains perceptibles à nu au toucher.* — Parfois on se sent touché par des mains véritables, dont on sent la peau, la tiédeur, les doigts mobiles. Lorsqu'on les serre, on a l'impression qu'elles se dissolvent et fondent, comme une substance semi-fluide.

33° *Actions complexes de formes tangibles invisibles.* — Ces mains, ces bras, ces têtes, invisibles même pour qui pénètre dans le cabinet, derrière le rideau qui les couvre, s'avancent vers les assistants, les touchent, serrent, repoussent, attirent, caressent, embrassent, avec tous les mouvements d'êtres vivants et réels. Ces formes accomplissent des actes encore plus complexes, soit à l'ombre du cabinet, soit en avant de celui-ci, mais à l'abri des rideaux gonflés et projetés, au besoin jusque sur la table et vers les chaises des assistants; soit même entièrement découvertes et au beau milieu des assistants, qui se sentent touchés, serrés, embrassés, fouillés, etc., par des êtres invisibles, et qui voient accomplis même leurs souhaits mentaux.

Cinquième classe. — Je réunis en un groupe les *phénomènes lumineux*, visibles soit par eux-mêmes, soit par une lumière extérieure.

34° *Apparition de points lumineux.* — Ce sont les célèbres lueurs spirites. Eusapia en produit de temps en temps, mais non avec l'intensité d'autres médiums observés par moi. Ce sont des lueurs indéfinissables, ordinairement sans formes précises, parfois en forme de petites boules brillantes ou de *gouttes de Batavie* renversées, d'autres fois de vraies *langues de feu*, comme on en voit figurées sur les têtes des apôtres. Elles n'ont pas encore été

photographiées, que je sache; mais elles sont bien
caractéristiques, souvent multiples et très mobiles.
Impossible et même absurde, pour qui les a aper-
çues une seule fois, d'y voir de la phosphorescence
artificielle.

35° *Apparition de nébulosités blanchâtres.* —
Elles ne semblent pas avoir de lumière propre,
puisqu'il faut les observer en deçà du rideau, ou,
à l'intérieur du cabinet, à faible éclairage. Parfois
elles entourent la tête d'Eusapia ou s'élèvent au-
dessus de son corps, lorsqu'elle est étendue dans
le cabinet.

Je mets à la fin les *matérialisations visibles,* qui
semblent formées de substance très subtile et de
particules interceptant la lumière ordinaire (*télé-
plastie*).

36° *Formation de prolongements du corps du
médium.* — Ce sont les membres supplémentaires
entrevus et décrits par tous ceux qui ont expérimenté avec Eusapia. Visibles à demi ou à faible
éclairage, quand les mains véritables du médium
sont en pleine vue et bien contrôlées, ces appendices accomplissent nombre des phénomènes
décrits ci-dessus, comme attouchements et palpations, secousses données aux chaises, transports
d'objets, etc.

37° *Sortie du cabinet de formes ressemblant à des
bras et à des mains.*

38° *Apparition de mains.* — C'est un des phéno-

mènes spirites les plus fréquents et les plus anciens. Les mains apparaissent avec des contours
d'ordinaire indécis ou fuyants, avec un air presque
diaphane et des doigts allongés. Je les ai vues
nettement toutes les fois que les conditions étaient
favorables, et ce n'étaient sûrement pas les mains
du médium, lesquelles pendant l'apparition étaient
bien en vue posées sur la table et bien contrôlées.

39° *Apparition de formes obscures de caractère
indéterminé.* — Il s'agit des *matérialisations incomplètes.* Dans la demi-obscurité, l'on voit s'avancer et
s'évanouir des boules noires (têtes ?), des appendices
indéfinissables et vagues (bras, poings ?); d'autres
fois des ombres à profil anguleux et paraissant bar-
bues (John King ?) ; et aussi, sur le fond semi-
lumineux, des larves noirâtres, plates, paraissant
transparentes, aux formes étranges et aux gestes
bizarres. Je les ai vues surtout dans les séances
de 1901-02, et si nettement, comme d'ailleurs les
autres assistants, que j'ai pu les désigner une à une.

40° *Apparition de formes ayant un caractère déterminé et individuel.*

A ces cinq classes de Morselli mes expériences
me font ajouter :

Sixième classe. — 41° *Action sur plaques photographiques enveloppées de papier noir.*

42° *Faits de lecture de pensée, de vision dans
l'obscurité et à distance* (voir Ch. IV).

43° Intelligence de langues inconnues du médium
(Allemand, Anglais, Ch. IV).

44° *Action sur les électroscopes*, que le médium
décharge à distance avec la main.

On a donc quarante-quatre manifestations différentes de la médiumnité d'Eusapia Paladino. Mais,
pour Morselli, cette classification, toute provisoire,
simplifie trop les choses, en divisant les phénomènes en ordres distincts, comme s'ils se produisaient séparément. En réalité les séances sont très
complexes, présentent des manifestations variées
et simultanées, de véritables explosions de force
médianimique.

CHAPITRE III

Physiopathologie d'Eusapia. Influence et action des médiums.

Voyons maintenant si l'explication de ces merveilleux phénomènes peut se trouver dans l'organisme du médium. Dans ce but, étudions Eusapia au point de vue clinique et physiologique.

Dans ses caractères externes, elle ne présente à première vue rien d'anormal, si ce n'est une touffe de cheveux blancs entourant une cavité du pariétal gauche, cavité due à un coup de casserole donné par sa belle-mère, ou bien, question encore discutée, à une chute du haut d'une fenêtre à l'âge d'un an. Poids 60 kilos; asymétrie du crâne et de la face, dont les côtés droits sont les plus développés; à l'œil gauche, caractères propres aux épileptiques, d'après Claude-Bernard Hörner : pupilles mydriatiques, réagissant mal à la lumière et bien à l'accommodation; pour la pression artérielle, mesurée au sphigmomanomètre, chiffres 230 et 240 à gauche et

7

200 seulement à droite, asymétrie fréquente chez
les épileptiques. Comme ces derniers, Eusapia a
une sensibilité tactile notablement plus forte à
gauche : 5 millimètres à droite, et 2,5 à gauche, à
l'esthésiomètre, au bout des doigts. C'est le contraire pour la sensibilité générale : 73 millimètres
d'intervalle à droite, à l'appareil de Rhumkorff,
et 35 à gauche (moyenne normale 45). Pour la
sensibilité à la douleur, 60 à droite et 30 à gauche
(moyenne normale 20). Sa sensibilité aux poids est
inégale, le même poids lui paraissant plus lourd
à droite qu'à gauche ; elle perçoit des différences
de 5 grammes. Au dynamomètre, elle marque 11 kil.
à droite et 12 à gauche, mais davantage au
moment de la *trance*, soit 15 kil. des deux mains
également. Elle présente des zones hyperesthé-
siques, surtout à l'ovaire ; elle a la boule à l'œso-
phage comme les hystériques, ainsi que de la faiblesse générale ou parésie aux membres de droite.

Son champ visuel, étudié par le docteur Sgobbo,
est ample et normal. Elle n'est pas sensible à
l'appareil de d'Arsonval, non plus qu'aux rayons
Röntgen.

En pleine lumière et dans son état normal, on
lui fit un jour tenir la main droite pendant quatre
minutes au-dessus d'une plaque photographique
enveloppée dans trois feuilles de papier noir. Cela
suffit pour qu'elle entrât en trance et sentît à la
main une impression de frémissement électrique.

La plaque une fois développée, on y trouva à la place correspondant à l'index de la main une trace assez informe du doigt. Ce fait, sans doute en rapport avec la radioactivité des médiums, peut être rapproché d'une autre anomalie d'Eusapia. Elle consiste en une diaphanéité autour des doigts, diaphanéité qui constitue comme un second contour déformé de ceux-ci. « Quand j'ai ce signe, affirme-t-elle, je puis obtenir des choses merveilleuses. »

Les phénomènes hypnotiques, liés aux phénomènes spirites, au point de se confondre avec eux, sont fréquents chez Eusapia, pourtant insensible aux métaux et à l'aimant. Arullani a pu l'hypnotiser et la mettre très vite en catalepsie, rien qu'en lui effleurant le front avec la main. Morselli, au contraire, la trouva plus magnétisable qu'hypnotisable.

En effleurant sa tête avec la main, on peut lui enlever la céphalalgie et calmer ses accès furieux; avec les passes magnétiques ascendantes, lui donner de l'hémicatalepsie; avec les passes descendantes faire cesser ses contractures et sa parésie.

La prémonition n'est pas très développée chez elle; on n'en cite que quelques cas assez peu probants. Ses antipathies sont plus justifiées. Elle reçut deux fois fort mal de prétendus admirateurs, les déclarant ses ennemis, et ils l'étaient en effet. Elle a un grand amour-propre : « Il y a, dit-elle, nombre de princes et de rois, mais une seule Eusapia ».

Sa culture est celle d'une femme du peuple. Elle manque souvent de bon sens, mais elle a une intuition qui contraste avec son ignorance, et qui lui permet d'apprécier le vrai mérite des hommes sans subir le faux prestige de la richesse et de l'autorité. Souvent naïve au point de se laisser mystifier par des intrigants, elle est aussi capable de fourberie et de mensonge.

Nombreux sont ses moyens de fraude en séance. Inconsciemment en trance, consciemment éveillée, elle dégage une main du contrôle pour remuer des objets et toucher les assistants ; à l'aide du genou elle soulève lentement les pieds de la table. Faihofer l'a vue cueillir des fleurs pour simuler des apports en séance, en profitant de l'obscurité. On dit même qu'elle aurait appris de prestidigitateurs le moyen de simuler des figures humaines par le mouvement des deux mains enveloppées d'un foulard en forme de turban.

Et pourtant sa plus grande douleur est d'être accusée de fraude, soupçon d'ailleurs injuste d'ordinaire, car je me suis assuré que des membres médianimiques s'ajoutant à ses membres naturels ont été pris à tort pour eux et en accomplissent les fonctions.

Dans ses accès morbides, elle va jusqu'à la folie hystérique, passe rapidement de la joie à la tristesse, a d'étranges manies, par exemple de se maculer les mains, de craindre l'obscurité ; elle est sujette aux rêves qui l'impressionnent fort, malgré son âge. Elle a parfois des hallucinations et voit son ombre; dans son enfance, elle croyait voir deux yeux la fixer de derrière les arbres et les haies. Lorsqu'on l'irrite, en l'attaquant dans sa réputation de médium, elle est violente et impulsive au point de malmener ses adversaires.

Ces tendances contrastent avec une singulière bonté d'âme. Elle dépense ses gains à soulager les misères des pauvres et des enfants, elle s'émeut pour les vieillards et les faibles à en perdre le sommeil, et pour les animaux au point de malmener ceux qui les maltraitent.

Au début d'une séance, elle prévoit ce qu'elle produira, bien qu'à la fin elle oublie si elle a obtenu ou non ce qu'elle a promis, et qu'elle ne réalise pas toujours ses promesses.

Au début de la trance sa voix se fait rauque, ses diverses sécrétions augmentent, son hyperesthésie devient anesthésie, elle a des tremblements et de la parésie, surtout à droite. Comme les fakirs, elle ralentit sa respiration pour entrer en trance, passant de 28 à 15 et même à 12 inspirations à la minute, pendant que son cœur passe de 70 à 90 et même à 120 pulsations; ses mains tremblent et frissonnent, ses articulations deviennent rigides.

Le passage de cet état au somnambulisme actif est marqué par des bâillements, des sanglots, de la

sueur au front et aux mains, d'étranges expressions
de physionomie : tantôt elle est dans une colère
violente, qui se manifeste par des ordres impérieux
et des sarcasmes contre ses critiques, tantôt dans un
état d'extase voluptueuse.

Au début de la trance, elle pâlit, convulse les
yeux, branle la tête, puis entre en extase et,
comme dans l'hystérie, rit spasmodiquement ; elle
a la vision à distance, parfois un langage recherché
et même scientifique, ainsi qu'une idéation très
rapide, qui lui permet de saisir la pensée, même
inexprimée, des assistants.

Morselli a noté dans sa trance les caractères hystériques suivants : amnésie, confusion de sa personnalité avec celle de John King, au nom de qui elle
parle, attouchements passionnels, obsessions, surtout de ne pas réussir ses séances, hallucinations.

A la fin de la trance, au moment des phénomènes les plus importants, elle éprouve une grande
soif (polydypsie hystérique), entre en convulsions
et crie comme une femme en couches ; enfin elle
tombe dans un sommeil profond, pendant lequel
on voit sortir de son corps un fluide chaud sensible au toucher.

Dans l'état de trance, de même qu'elle extério-
rise sa motricité, de même elle perçoit des sensations visuelles et tactiles sans les organes ordinaires
des sens, voit ce qui se passe là où ne porte pas sa

vue, montre des connaissances qu'elle n'a pas à l'état normal, ne cesse d'être en rapport avec les assistants, s'exprime tantôt nettement, tantôt d'une voix pâteuse comme dans la paralysie progressive, en italien et même en langues qu'elle ignore, et aussi par des raps dans la table ou ailleurs.

Après la séance, on note chez elle hyperesthésie, photophobie, hallucinations et délire, peurs diverses, troubles d'estomac et vomissements, et enfin parésie des jambes, au point qu'il faut la porter et la déshabiller. Jourewitch remarque que son hyperesthésie se localise aux phalanges et au dos de la main, à l'omoplate, au côté gauche de la tête.

Ces troubles s'aggravent si, par imprudence, on l'expose à une lumière soudaine pendant la séance ou après, ce qui rappelle la pythonisse de Delphes dont les oracles abrégeaient la vie, et aussi le cas de Mlle d'Espérance qui, pour avoir été exposée tout à coup à une lumière vive en séance, devint paralytique pour des années.

Autre fait découvert par le docteur Imoda. A l'état normal, Eusapia n'a aucune influence sur l'électroscope, tandis qu'en trance elle provoque l'abaissement des feuilles d'or en tenant les mains quelques minutes au-dessus d'elles. Ceci, joint au fait qu'elle impressionne les plaques photographiques enveloppées de papier noir, confirme la radio-activité des médiums en trance. A rapprocher aussi des nébulosités blanchâtres et lumineuses, que

l'on remarque au-dessus de la table et sur la
tète du médium pendant les séances, les rayons
cathodiques ayant la propriété de provoquer la
formation de vapeurs, en passant dans une couche
d'air saturé d'humidité.

CHAPITRE IV

Conditions et effets de la médiumnité.

Ces caractères morbides ne sont pas propres à Eusapia et peuvent être constatés chez presque tous les médiums.

Le célèbre médium Mme Smith avait grand'mère, mère et frère sujets à des phénomènes hypnotiques et médianimiques. Elle-même eut des hallucinations dès l'enfance, plus tard des accès de somnambulisme et, dans la trance, la complète anesthésie d'une main, ainsi que de l'allochirie, de sorte que, piquée à la main droite, elle sentait la douleur à la main gauche, et voyait à gauche des objets placés à droite.

Chez Mme Piper, la trance commence par des convulsions suivies de stupeur et de râle. Elle devint médium par la peur d'un coup de foudre et de deux opérations de tumeurs.

Home disait produire ses phénomènes les plus merveilleux dans l'état léthargique, ce qui l'empêchait de s'en souvenir bien. Il a eu un grand retard de développement, ne marchait pas encore à six ans

et, après un match avec Mme Lyon, a souffert de
congestion cérébrale, de paralysie et d'amnésie.
« En léthargie, dit-il, les esprits s'emparent de moi,
changent mes expressions et mes gestes, et même
mon corps peut s'allonger de huit pouces». Il n'avait
pas d'influence sur les phénomènes et ne réussis-
sait pas toujours à produire ceux qu'il désirait.

« Lorsque je tombe en trance, dit Mlle d'Espérance, j'éprouve un sentiment de vide, je perds le
sens de l'espace : je ne puis dire, par exemple, où je
meus le doigt, comme si je le mouvais dans l'eau ».
Ce même médium, au moment des matérialisations,
laissait échapper de son abdomen une vapeur lumineuse, dont la transformation en un être vivant
était très rapide. « Quant apparait le fantôme, j'ai
peine à rassembler mes idées et mes forces, je suis
comme en rêve et ne puis bouger. Quand Yolande
se remue, elle me fatigue plus que si je me remuais
moi-même ; si elle touche quelque chose, mes
muscles se contractent; si elle met la main dans la
paraffine fondue, je me sens brûlée ; si une épine
lui entre dans le doigt, j'ai mal au doigt. Au
moment de demi-trance, quand les fantômes ne
sont pas encore formés, ma sensibilité est supérieure à la normale, j'entends des bruits d'ordinaire
inaperçus et je devine les pensées des assistants.
Touchant les mains de Yolande, je crois sentir les
miennes et ne m'aperçois de mon erreur qu'en
voyant quatre mains ; quand j'étends les mains pour

la toucher, je ne sens rien ; quand elle se pose sur mes pieds, je ne sens pas son poids ; un seul jour je l'ai senti tout entier ».

Politi qui, en dehors de la trance, ne présente aucune anomalie, lorsqu'il est en trance a convulsions, anesthésie, hallucinations effrayantes et délire de la persécution.

Tout ceci a lieu chez les hystériques, de même que les tabès et la paralysie générale surtout chez les syphilitiques, sans être dus pourtant à la syphilis. On peut donc conclure que dans les phénomènes de la trance domine l'automatisme, que la trance médianimique est un équivalent de l'hystérie, comme l'inspiration géniale l'est pour moi de l'accès épileptique sur un fonds de névrose, comme les phénomènes étranges de l'hypnose et du rêve viennent de la désagrégation et de la paralysie des facultés normales, avec prédominance de l'inconscient et de l'automatisme.

Ainsi les divers symptômes hystériques trouvés chez les médiums, loin d'infirmer leurs facultés médianimiques, les expliquent au contraire, tout comme la névrose explique les miracles du génie et du somnambulisme lucide. Nous sommes d'autant plus portés à croire que la plupart des phénomènes spirites dérivent de l'état névropathique du médium que ces phénomènes ressemblent à ceux de l'hypnose, si analogue à la névrose, et qu'ils se produisent toujours dans le voisinage du médium,

surtout à sa gauche. Les mains et les bras fantômatiques sortent généralement de son corps et de ses
habits, et les fantômes eux-mêmes apparaissent
d'ordinaire au-dessus de sa tête ou du contrôleur
voisin. Plus les phénomènes sont importants et
rares, dans les cas de matérialisations par exemple,
plus s'augmente la trance du médium. Les mouvements d'objets, même éloignés de lui, coïncident
avec des mouvements synchroniques de sa part,
mouvements notés graphiquement par Bottazzi et
d'Arsonval. Le poids du médium diminue pendant
la trance et surtout pendant les matérialisations;
il redevient normal dès que les phénomènes cessent.

On s'explique ainsi que le corps du fantôme se
forme aux dépens de celui du médium, ce qui est
confirmé par la ressemblance plus ou moins grande
des premiers fantômes avec celui-ci.

Qu'on ajoute le fait, découvert par de Rochas,
de l'extériorisation de la sensibilité et de la motricité des médiums à quelque distance de leur corps.
Il suffit d'admettre l'extériorisation de l'activité
psychique et de prolonger plus loin l'extériorisation
de la motricité, pour expliquer une bonne partie des
phénomènes spirites, ainsi que les fantômes sortant
du ventre et du corps du médium et lui empruntant
gestes et ressemblance.

Le médium a d'ailleurs des caractères distinctifs,
en outre du regard étrange des épileptiques, remarqué dans la trance. D'après Maxwell, il présente

des taches zoomorphiques à l'iris et, lorsqu'il n'est
pas gaucher, il le dévient en trance. Pour l'intelligence, il peut varier de l'ultra-médiocrité de Politi
à l'esprit supérieur de Mlle d'Espérance et de Mosès.
En trance d'ailleurs, le médium, même le plus stupide, peut manifester une intelligence extraordinaire. Wallace cite un commis ignorant et fruste
qui entrancé discutait sur la fatalité et la pres-
cience, tandis qu'à l'état normal il pouvait à peine
parler de choses ordinaires. Nous en voyons
d'autres comprendre plusieurs langues étrangères.

Pour ce qui est de la moralité, beaucoup se
montrent séducteurs et lascifs, tandis que d'autres,
comme Mme Smith et Stanton Mosès, touchent à la
sainteté. Les facultés de certains sont augmentées
par l'ivresse et les fortes émotions joyeuses. Les
médiums ont d'ailleurs besoin d'obscurité, excitations, cris, bruits de voix, chants, pour manifester
leurs facultés. Sauf Mlle d'Espérance et Home, ils
oublient d'ordinaire ce qu'ils font en trance, tout
comme les épileptiques.

La transmission de pensée est fréquente et évidente, quoi qu'on dise, surtout chez Eusapia. Pen-
sant fortement à revoir ma mère, la table consent
par ses coups à mon désir inexprimé et l'apparition a lieu. Becker désire mentalement qu'on lui
enlève sa cravate, ce qui est fait aussitôt. Le docteur Suroda demande par la pensée que John verse
l'eau d'une bouteille dans un verre et le lui apporte,

et le souhait s'accomplit immédiatement. Une
bourse, cousue aux vêtements de la comtesse d'A.,
et un bijou caché sur elle sont portés sur Eusapia,
à la prière mentale de la comtesse.

Comme nous le verrons, les médiums en trance
ont des énergies musculaires et intellectuelles qu'ils
n'ont pas à l'état ordinaire, qui ne peuvent s'expliquer que rarement par la transmission télépathique
de la pensée des assistants, et qui semblent exiger
l'aide des défunts.

Les médiums entrancés peuvent transmettre à
d'autres leurs pouvoirs les plus étranges. Eusapia
transfère à d'autres personnes sa sensibilité et sa
force plus grandes à gauche. Home faisait de même
pour sa lévitation et son incombustibilité. Il pouvait en effet toucher sans se brûler un charbon
ardent et le faire toucher impunément à d'autres.

De nombreux médiums ne manifestent leur activité que dans un seul sens. Le cas le plus fréquent
et le moins curieux est celui des médiums typtologiques, qui communiquent au moyen des coups
frappés par une table ou par les lettres d'un
alphabet désignées par une tige tenue à la main.
Nombreux aussi sont les médiums moteurs qui font
mouvoir tables, chaises, etc.

D'autres (cas récent découvert par Ochorowicz)
attirent avec les doigts les objets et les maintien-
nent suspendus en l'air, comme l'aimant le fait
du fer.

Citons les médiums guérisseurs, d'ordinaire ignorants en médecine et obtenant des cures remarquables. J'ai vu un sujet femme améliorer pour
quelques mois, par des massages appropriés, un
malade arrivé au dernier degré du tabès.

· D'autres, sans avoir appris le dessin, se mettent
un beau jour à peindre. Le matelot allemand
Machner peignait fleurs et paysages. Une paysanne
allemande, n'ayant jamais touché pinceau ni crayon,
dessine et colore des fleurs fantastiques et élé-
gantes. Certains font en peu de temps dans l'obscurité des tableaux à l'huile qui demanderaient des
jours entiers. Sardou et Hugo d'Alesi, procédant
automatiquement et sans sujet déterminé, réussis-
sent des portraits. Desmoulin, déjà artiste il est
vrai, pouvait en trance spirite, la figure enveloppée
d'un voile, faire en une demi-heure des tableaux
qui auraient demandé beaucoup de temps. Réveillé,
il était incapable d'achever ces ouvrages, malgré
son talent. Hugo d'Alesi, sans être peintre, fait
les portraits de morts inconnus. Le garde-champêtre
Destips, estropié de la main droite au point de ne
pouvoir écrire, réussit en dessinant des traits au
hasard dans la trance, des fleurs et ornements très
beaux. Eusapia entrancée est sculpteur habile,
comme nous l'avons vu.

Il y a les médiums photographes, dont la
présence suffit à faire apparaître sur les plaques
les portraits de vivants éloignés ou de morts. Les

médiums parleurs s'expriment sous l'inspiration des
esprits. D'autres sentent les sources et les mines
souterraines. Citons aussi les médiums à écriture
automatique; les médiums à apports, qui dématé-
rialisent divers objets et les font arriver du dehors
à travers murs, portes et fenêtres closes; ceux qui
évoquent les fantômes; ceux qui produisent des
lumières plus ou moins nettes. ou photophores; les
glottologues, parlant des langues inconnues; les
médiums à prémonitions. qui prophétisent; ceux à
écriture intuitive. qui entendent la dictée d'une voix
intérieure; ceux doués de clairaudience. qui entendent les esprits leur parler à l'oreille. D'autres
sont musiciens en trance. sans avoir appris la
musique; d'autres, comme Home, manient des
charbons ardents sans se brûler. Les médiums à
incarnations prennent soudain l'aspect, la voix, etc.
de plusieurs défunts. J'ai vu moi-même Randone,
à Rome. prendre successivement les manières et le
ton d'un idiot, d'un prédicateur. d'un paralytique
général.

D'autres volent. disparaissant tout d'un coup
d'un lieu pour reparaitre au loin. comme les frères
Pansino, étudiés par Lapponi, qui en dix minutes
firent le chemin de Trani à Ruvo. Zaccarini. de
Bologne, n'est capable que de lévitation. Eusapia
et Home réunissent au contraire plusieurs médiumnités : matérialisation, écriture directe, lévitation.
Le plus grand nombre. n'est capable que d'effets

physiques ou moteurs ; quelques-uns seulement d'effets spirituels. C'est ce que j'ai remarqué pour Eusapia qui a commencé par les effets moteurs pour ne réussir qu'en dernier lieu à faire apparaître des fantômes. Ses séances actuelles commencent d'ailleurs par les phénomènes de motricité, et les fantômes n'y apparaissent qu'en dernier lieu, au maximum de sa trance.

ESPACE A QUATRE DIMENSIONS ET SON RAPPORT AVEC LA MÉDIUMNITÉ.

Mais il y a des phénomènes inexplicables par la seule énergie des médiums. Certains auteurs admettent qu'il se forme autour d'eux une atmosphère ultra-physique, dans laquelle les lois ordinaires de gravité, cohésion, impénétrabilité, inertie de la matière, n'existent plus, comme si l'espace prenait une quatrième dimension. Cette hypothèse, émise en premier lieu par Zöllner, expliquerait surtout les phénomènes d'apports, auto-lévitation, auto-disparition et réapparition. C'est ce que montre ce passage de Brofferio :

« Pour qu'un objet puisse entrer du dehors dans une chambre fermée, sans ouvrir portes ou fenêtres, il faut qu'il traverse boiseries, carreaux ou murs, ce qui implique trois hypothèses : il traverse sans se désagréger, ses atomes passant dans les intervalles interatomiques des obstacles ; il est décomposé en matière impondérable ou dématérialisé, avant de traverser les murs, et recomposé ensuite ; il entre dans une quatrième dimension de l'espace et en ressort. Pour les êtres d'un espace à deux dimensions (comme les figures photographiques, qui semblent se mouvoir sur un plan, dans l'électro-tachyscope), nous pourrions faire disparaître une fleur peinte sur un cercle, puis la faire reparaître, en la déplaçant dans le sens de la hauteur ou de la profondeur, troisième dimension, que ces êtres ne pourraient concevoir. »

Ainsi s'expliqueraient les transports d'objets sans contact, même à grande distance, l'écriture entre deux ardoises, le passage de deux anneaux pleins l'un dans l'autre, la formation de certains nœuds, l'incombustibilité de médiums, comme Home, ainsi que le pouvoir qu'il avait de maintenir en l'air l'eau versée d'un verre.

Et si l'on admet, dans ce nouvel espace, le renversement des lois ordinaires du temps, on s'explique que les médiums puissent phophétiser, comme Mᵐᵉ Piper prédisant à plusieurs personnes en parfaite santé leur future maladie et leurs futurs médecins.

CHAPITRE V

Médiums et sorciers chez les sauvages, les paysans et les anciens.

Cette action prépondérante des médiums sur les phénomènes spirites est confirmée par le fait que tous les peuples primitifs et sauvages, et même nos populations ignorantes des campagnes, vénèrent certains individus (sorciers, magiciens, santons, prophètes), qui sont de véritables médiums. On les croit capables de s'affranchir des conditions ordinaires de durée, étendue, gravité, ce qui leur permet de voir à distance, prédire l'avenir, se transporter en un instant au loin, s'élever en l'air, traverser les solides, se mettre en rapport avec des êtres extra-terrestres, démons, anges et saints, et surtout avec les âmes des morts.

Au sujet de nos paysans, je lis chez Pitré : « En Sicile le commun du peuple croit que les êtres *possédés* par un esprit ou un démon, peuvent parler toutes les langues, sont mauvais ou bons suivant l'esprit possesseur et ne peuvent être libérés que par des esprits plus puissants. On exorcise les esprits par des prières, par le contact de certains objets, en jetant de l'encens sur un brasier et par des coups à la poitrine.

« Les sorcières prennent l'aspect de chats, de chauves-souris, de vieilles femmes, ne sortent jamais le jour, apparaissent à minuit, cherchent à tuer ou à blesser les enfants jusqu'au quarante-neuvième jour de leur naissance. Par des maléfices elles annihilent la volonté comme par l'hypnotisme. Elles volent la nuit dans les airs, sont attirées par l'ail, repoussées par le sel, aiment les tas de noix sur lesquelles elles s'amassent en nombre; elles éveillent chez l'homme amour ou haine intenses pour une femme, le rendent impuissant, malade, stupide, à condition d'avoir en mains un objet, poil, bas, chemise, etc., appartenant à leur victime. Elles *envoûtent* au moyen de clous ou d'aiguilles enfoncés dans une orange, ce qui provoque de vives souffrances chez leurs victimes. Ces sorciers et sorcières étaient en plus grand nombre autrefois, et on leur réservait des prisons spéciales. »

L'archevêque de Torrès, dans ses mémoires, distingue les sorciers et sorcières allant au sabbat, prédisant l'avenir et guérissant les maladies.

Les Siciliens admettent aussi l'existence des *Dames de nuit*, grandes et belles, exigeant l'ordre partout, visibles à peu de personnes, sauf le jeudi, fréquentant de préférence les bois, ainsi que les

maisons pauvres et isolées, où elles pénètrent par
le trou des serrures ou les fissures des portes.
Capricieuses, elles favorisent en tout les maisons
qu'elles aiment, font tout aller mal ailleurs.

Plusieurs de ces phénomènes, parler les langues
étrangères, agir la nuit, etc., sont analogues à ceux
des médiums.

Médiums cirauli. — Pour les Siciliens, l'individu
né la nuit du 29 juin ou du 24 janvier, s'appelle
ciraulo et a des pouvoirs particuliers, comme les
médiums. Il est fort et bien portant, manie impunément poisons et reptiles, neutralise par sa salive
le venin des serpents, enchante les animaux,
devine l'avenir et transmet à ses descendants tous
ces pouvoirs, reconnus par les anciens *Pandectes
médicaux* de Sicile (Pitré). Palazzolo-Acreide est
pour eux une espèce de cité sainte, où ils proces-
sionnent, des serpents à la main, le jour de saint
Paul.

De Blasio a pu voir, dans la région de Bénévent,
jusqu'à deux mille sorciers et sorcières, 1 °/₀ de la
population, dont beaucoup hystériques, épileptiques, alcooliques et à tendances sanguinaires.
Ils ont un jargon et des gestes à eux. Il faut distinguer ceux qui *lient*, ou jettent des sorts, et ceux
qui les conjurent ou *délient*.

Portugal. — Nulle part en Europe les sorcières
en gagnent autant d'argent qu'en Portugal. Ce sont

de vieilles femmes qui prédisent l'avenir, préparent des philtres amoureux et autres maléfices.

Dans leur quartier spécial de Lisbonne, appelé Juiverie ou Maurérie, le Moyen Age revit vraiment. Ces pythonisses lisent l'avenir dans l'eau, le plomb, les miroirs, le marc de café, et préparent leurs drogues, suivant toutes les règles de l'art, avec des os de morts, de la cervelle de chien, des poils de chat, des queues de salamandres. La police a maintes fois essayé, sans y réussir, de faire cesser ces comédies superstitieuses, terminées souvent en tragédies.

Vosges. — Les Vosgiens croient que les sorciers peuvent égarer les voyageurs, dessécher la moelle des os par simple souffle, regard ou geste, empoisonner le bétail, détruire les récoltes et dominer les gens par leurs pratiques magiques. Ils font voir morts et vivants dans leurs miroirs maudits, vont les vendredis dans les bois et sont alors plus dangereux, changent les autres et eux-mêmes en animaux, découvrent sources, trésors et voleurs, avec leurs baguettes fourchues.

Bretagne. — Des femmes nerveuses, dites *abision*, y prédisent l'avenir. La chute d'un objet, le soupir d'une bouche invisible, les rêves les avertissent des personnes qui doivent mourir. Chez elles les sonnettes sonnent toutes seules pour faire savoir les morts lointaines. Dans ce dernier cas les parents du défunt entendent des coups dans les greniers, sentent des mains les serrer ou tirer les couvertures.

On cite le cas d'une mère voyant son fils blessé et sanglant à l'heure même où il était réellement tué. Une femme voit une torche s'allumer et s'éteindre trois fois, entend pleurer et peu après apprend la mort de sa belle-mère. Ces cas rappellent les prémonitions spirites étudiées plus haut.

Dans les communes de Pes, Trevis, Cancoret, abondent les sorciers. On leur attribue le pouvoir de faire mourir les animaux, et même les hommes, par des sorts. Une petite fille de Trevis refuse l'aumône à une mendiante qui lui déclare qu'elle s'en repentira, et depuis ses habits sont déchirés, même dans les armoires, par des mains invisibles.

Au moyen d'un enduit spécial les sorciers ont le pouvoir, dit-on, de voler dans les airs. On se garde d'eux en portant un serpent sur soi, ou en mettant ses habits à l'envers. Des livres spéciaux, *Salomé et le Petit Albert*, leur permettent de commander aux démons et aux animaux.

PEUPLES SAUVAGES.

Arabes. — Chez les Arabes, nous voyons la secte des Aïssaoua, surtout en Algérie, présenter les mêmes phénomènes d'insensibilité que les fakirs de l'Inde. Ils avalent des charbons ardents ou des morceaux de verre, se transpercent les membres sans conserver de cicatrices, etc.

Osman Bey, dans son *Génie de l'Islamisme*, cite les derviches *Cheik*, opérant de vrais miracles, grâce aux pouvoirs transmis par le *Pir*, fondateur de leur ordre. « Les *Cheik* vendent des amulettes, guérissent par le magnétisme, se concilient les bons esprits et rendent impuissants les mauvais, par leurs exorcismes. » On remarque chez les musulmans la médiumnité ou voyance au *verre d'eau*, au *cristal*, au *miroir*, etc.

De Laborde parle d'un magicien arabe, nommé Achmed, qui fixant un enfant quelconque et lui versant de l'encre dans la main, lui suggérait d'y voir les personnes désignées par les assistants.

Dans son exploration de l'Algérie, El Ajach dit : « Les gens de Tripoli ont un grand nombre de *Médidub*. On appelle ainsi des individus tombant dans un état analogue à celui des convulsionnaires de Saint-Médard. Ils sont nombreux en Algérie et plus connus sous le nom d'Aïssaoua ou Ammarim. »

Chez les Battacks, l'homme possédé par un esprit est regardé comme un oracle. Ils choisissent comme sorciers ou médecins les individus difformes, ou ceux que les génies rendent soudainement fous, montrant ainsi qu'ils les désignent comme intermédiaires entre eux et les hommes. Ils les confient au sorcier en chef, qui les instruit pendant quatorze jours.

Dans l'ancien Pérou, en outre des vierges sacrées et des prêtres, on trouvait des magiciens d'ordre inférieur, prophétisant en convulsions, vénérés du peuple et méprisés des hautes classes.

Les Patagons ont des sorciers et des sorcières qui prophétisent et qui exercent la médecine. Les sorciers hommes doivent mettre des habits de femme et avoir montré des dispositions dès la jeunesse. Les épileptiques sont choisis de préférence, passant pour inspirés d'en haut.

Au Brésil, peut devenir sorcier-médecin quiconque est né ou devenu épileptique; chez les indigènes du Sud Australien, quiconque voit les démons dès l'enfance et a, sous leur influence, des songes effrayants, comme les incubes.

LES DEVINS CHEZ LES CAFRES.

La superstition joue un grand rôle dans les rapports sociaux des Cafres; elle fait partie des lois, des coutumes et de la religion, laquelle consiste dans le culte des esprits des morts.

Les devins, appelés isanousi ou isangona, peuvent être regardés comme des prêtres, servent d'intermédiaires entre les vivants et les morts, et leur influence en bien ou en mal et leur ascen-

dant sont sans limites. Hommes et femmes peuvent
également devenir devins, et ces derniers forment
chez ces peuples une classe bien distincte.

Les Européens confondent à tort devins et sorciers. C'est insulter l'*isangona*, devin, que de l'appeler *untakati*, sorcier. Tandis que le second exerce
par intérêt, le premier, sorte de fonctionnaire religieux, travaille pour le bien public. est le protecteur du peuple, a pour mission de confondre les
coupables et les sorciers, de les faire juger et
punir.

Avant de proclamer un devin. on éprouve son
aptitude à découvrir les voleurs, les objets perdus
ou cachés exprès, à reconnaître les maladies et
leurs causes. Il doit être capable de communiquer
avec les esprits des morts, pour indiquer leurs
désirs et leurs oracles. Ici l'imagination et la fraude
peuvent avoir beau jeu.

Qui a des rêves agités et les nerfs sensibles est
regardé comme propre à entrer en rapport avec les
esprits et à devenir devin, et c'est pourquoi les
femmes y ont le plus de dispositions. Le candidat
doit subir un examen public et être instruit quelque temps par un devin savant et âgé. Si ses
oracles se vérifient, il devient célèbre et se fait une
clientèle lucrative. S'il se trompe, il dit, comme
disent souvent les spirites, que les esprits l'ont
trompé ou qu'ils étaient mal disposés.

Citons ici la curieuse confession d'une vieille

Cafre de Marianhill, nommée Paula, devenue chrétienne à l'âge de douze ans, et qui exerça quarante ans avec gloire l'art divinatoire. « Dans ma jeunesse, à mon troisième enfant, j'eus des convulsions et des visions. Mon père, devin célèbre, dit : « Apportez-la moi, je veux la rendre clairvoyante ». Après avoir difficilement obtenu le consentement de mon mari, mon père, aidé d'un autre devin, m'apprit à voir clair dans les mystères. Ils me donnèrent les trois bonnes médecines, de bonté, de mansuétude et d'accord avec les esprits défunts. J'en bus pendant trente jours, puis on me lava avec elles. Dès lors les esprits me parlèrent, je vis en songe ceux des ancêtres, sous forme de lézards gris, et commençai à prophétiser. Le peuple me fit fête et m'écouta. A dix-sept ans le juge de Marienbourg me fit appeler pour découvrir des voleurs de chevaux. « Allez à la cascade d'Umgéni », dis-je, et c'est là qu'on retrouva les chevaux et les voleurs. »

Le devin, pour ses recherches, se sert d'os d'animaux et surtout de bâtons qu'il jette à terre. S'ils tombent horizontalement la réponse est négative, s'ils vont frapper le consultant, elle est positive. En cas de maladies, ils doivent aller frapper le siège du mal. D'après Tylor et le missionnaire Rowley, les mouvements de ces bâtons dans une direction déterminée servent à découvrir les voleurs.

INDE.

C'est la terre classique de la magie et de l'occul-
tisme. Nous y trouvons les fakirs, brahmanes du
second degré qu'une longue initiation rend habiles
à produire les phénomènes spirites.

Louis Jacolliot, consul à Bénarès, a pu approcher plusieurs d'entre eux et, bien que ne croyant
pas à leurs théories spirites, il certifie que : 1° ils
ne donnent pas de représentations devant une foule
rendant le contrôle impossible; 2° le fakir opère
seul et sans compère; 3° il est absolument nu, sauf
parfois un caleçon large comme la main; 4° il n'a
ni sac, ni boîte à double fond, ni table préparée et
autres objets dont se servent les prestidigitateurs
d'Europe; 5° il ne se sert que d'une baguette de
bambou à sept nœuds et d'un petit sifflet, attaché
à une touffe de ses longs cheveux; 6° il se place où
l'on veut et opère quand on veut; 7° il accepte
n'importe qui des assistants comme sujet à magné-
tiser; 8° si un objet quelconque lui est nécessaire,
il vous prie de le choisir vous-même; 9° il recommence ses expériences, autant de fois que l'on veut,
pour le contrôle; 10° enfin il ne se fait pas payer
et n'accepte qu'une légère aumône, lorsqu'on la
lui offre, pour le temple auquel il appartient.

Les principaux phénomènes, constatés par
Jacolliot, chez le fakir Covindasamy, avec qui il

obtint les meilleurs résultats, peuvent se grouper en sept catégories : 1° *Lévitations* ; 2° *Apports* ; 3° *Adhérence au sol* ; 4° *Médiumnité musicale* ; 5° *Écriture* ; 6° *Végétation accélérée* ; 7° *Matérialisations.*

Voici quelques faits de lévitation. Le fakir prend une canne, appuie la main sur la pomme, prononce des formules magiques, s'élève à deux pieds du sol, les jambes croisées à l'orientale, et reste vingt minutes dans cette position. Autre fait plus merveilleux encore : « Covindasamy tient les mains étendues au-dessus d'un vase très lourd et, au bout de quelque temps, on voit ce vase osciller régulièrement sur sa base, comme un pendule ; peu après il semble quitter le sol, sans changer son mouvement, se balançant au commandement du fakir. »

Jacolliot décrit ensuite un phénomène d'adhérence au sol. « Je pris, dit-il, une petite table en bois de *teck*, que je pouvais enlever sans effort entre le pouce et l'index, et je demande au fakir s'il peut la rendre adhérente au sol. Le Malabare y impose ses mains, reste immobile un quart d'heure, puis me dit que les esprits sont venus et que personne ne pourra plus soulever la table sans leur permission. Je m'approche et tente en vain de l'enlever ; mais elle semble fixée au sol. Je redouble mes efforts et la partie supérieure me reste dans les mains. Quant aux pieds, je ne pus réussir à les faire bouger. »

Jacolliot raconte aussi la curieuse expérience de l'harmonica jouant tout seul. On suspend l'instrument à une des barres de fer de la terrasse, de façon qu'il se balance à deux pieds du sol, et l'on prie le fakir d'en tirer des sons sans y toucher. Covindasamy prend entre le pouce et l'index la corde de suspension, puis se concentre dans la plus complète immobilité. Au bout de quelques minutes l'instrument s'agite doucement avec un mouvement de va-et-vient, comme touché par une main invisible, puis il donne des sons prolongés, sans accord entre eux, mais parfaitement nets. On demande un air musical, et le fakir de répondre qu'il va évoquer un antique musicien de la pagode. Après un silence assez long, on entend une sorte de prélude, puis un air populaire de la côte malabare.

Voyons pour l'écriture directe. « Covindasamy, dit Jacolliot, étend du sable fin sur le sol, l'égalise avec les mains, puis me demande un bâtonnet qu'il allonge à terre, me disant d'écrire au crayon tout ce que je voudrais sur un papier. Le fakir étend les mains et murmure les formules secrètes des incantations. Aussitôt le bâtonnet se dresse et reproduit immédiatement sur le sable tout ce que je trace sur le papier. Dès que je m'arrête, il reste immobile. Le fakir me dit ensuite de penser un mot sanscrit, langue aimée des esprits. Il étend les mains comme précédemment, et je lis sur le sol le mot *puruncha*, que je venais de penser.

Les fakirs prétendent aussi accélérer la végétation des plantes, au point de leur imprimer en
quelques heures une croissance qui d'ordinaire
demande des mois.

« Connaissant la puissante médiumnité de mon
fakir, je décide de tenter avec lui cette expérience,
dans des conditions permettant un contrôle rigoureux. Il prend un vase de grandeur moyenne,
rempli de terre bien humectée d'eau, et il y plante
une graine de papayer choisie par moi ; puis, les
mains étendues au-dessus du vase, il marmotte
des *metram* et ne tarde pas à tomber en catalepsie.
Au bout de deux heures d'immobilité complète, il
s'éveille lentement de sa torpeur, soupire, se lève
et, découvrant une étoffe de mousseline, dont il
avait voilé le vase, il me montre une jeune plante
de papayer, toute fraîche et verte, d'environ vingt
centimètres, croissance qui aurait demandé au
moins quinze jours dans les conditions normales. »

Une autre fois, le même fakir prend un de ces
petits réchauds que l'on trouve dans toutes les
cases indiennes et il y place un vase de poudre
odorante. Il se met alors dans sa position habi-
tuelle, les bras étendus, dans l'immobilité la plus
complète, la main droite sur le cœur et la gauche
appuyée sur le bâton à sept nœuds, signe d'initiation qui ne le quitte jamais, et il entonne une
longue incantation. Tout à coup se forme et s'élève
un nuage phosphorescent : on en voit surgir de

tous côtés des apparences de mains; au bout de quelques minutes ces mains perdent leur forme vaporeuse et ressemblent à des mains naturelles. « Demandant au fakir, dit Jacolliot, s'il me serait possible de les toucher, l'une d'elles se détache du groupe et serre la main que je tends. Je la prie de me laisser un souvenir et aussitôt la main se détache de la mienne, va cueillir une fleur d'un bouquet, me l'apporte et disparaît. A ce phénomène succédèrent deux autres, plus merveilleux encore. Peu après la disparition des mains, un nuage semblable au premier vient se former sur le petit réchaud, revêt graduellement une forme humaine, et je distingue le spectre d'un vieux brahmane agenouillé près du feu. Il s'évanouit et j'entends des modulations bizarres, d'abord lointaines, puis se rapprochant peu à peu, et enfin je vois le fantôme d'un musicien hindou, tirant d'un harmonica les sons monotones qui caractérisent la musique religieuse de l'Inde. Il fait le tour de la chambre et de la terrasse et disparaît. »

Les fakirs sont surtout connus pour leurs phénomènes d'invulnérabilité, ensevelissement et pseudo-résurrection, dont je cite un exemple pris dans *La cour de Rundjet-Ling*, d'Osborne :

« Le fakir se dit prêt à subir l'épreuve. Le maharajah, un chef Sick et le général Ventura se réunissent près d'une tombe construite exprès en moellons. Le fakir se fait boucher sous leurs yeux avec

de la cire tous les orifices du corps, sauf la bouche.
On l'enveloppe dans un sac de toile et on lui
retourne la langue en arrière de façon à obstruer
la gorge. Aussitôt il tombe en léthargie. On ferme
le sac, où le maharajah met son propre sceau. On
met ensuite ce sac dans un cercueil bien scellé, que
l'on enferme dans le tombeau. On jette par-dessus
de la terre où l'on sème de l'orge, et enfin l'on
poste tout autour des sentinelles avec ordre de
veiller jour et nuit.

« Malgré ces précautions le maharajah conserve
quelques doutes. Deux fois il se fait ouvrir la tombe,
où l'on trouve le fakir inanimé et froid. Au bout
des dix mois que devait durer l'ensevelissement,
on fait l'exhumation définitive. Le caveau est
ouvert, la bière enlevée, et l'on en retire le fakir,
chez qui il ne restait de trace de vie qu'un peu
de chaleur au sommet de la tête. On lui ouvre la
bouche, on lui remet la langue dans sa position
normale, on lui verse lentement de l'eau chaude
sur la tête, et peu à peu la vie réapparait. Au bout
de deux heures de soins, le fakir se lève et se met à
courir. Cet homme extraordinaire racontait que la
durée de son ensevelissement avait été remplie de
songes merveilleux, mais que le moment du réveil
avait été très pénible. »

Le *Weltspiegel* de 1909 signale quelques tours
de fakirs que le missionnaire allemand Schmidt
affirme avoir vus. Un fakir étale du sable à ses

pieds, prononce ses formules magiques et invite
le missionnaire à dessiner quelque chose sur un
papier. Schmidt fait un dessin qui est reproduit
aussitôt sur le sable. Mais le tour le plus extraordinaire est celui d'un autre fakir tenant l'extrémité d'une corde à la main, et lançant l'autre en
l'air. La corde se déroule et s'allonge indéfiniment ;
un enfant, prié de s'y accrocher, grimpe et en peu
d'instants disparaît. Des faits aussi étranges por-
teraient plutôt au scepticisme.

EXTRÊME-ORIENT.

D'après Kiernan, les phénomènes présentés par
les sorciers ou *chamans* mongols rappellent de si
près ceux de l'épilepsie, que les deux états sont
confondus chez ce peuple, comme chez les Grecs
et les Romains, sous le nom de maladie sacrée.
D'ailleurs l'épilepsie a toujours été attribuée à une
influence surnaturelle, bonne ou mauvaise.

Chez certaines tribus sibériennes, la faculté
médianimique, ou *force chamane*, éclate soudain
comme une maladie nerveuse, par des tremblements et des cris, des accès convulsifs et épileptiques, puis ceux qui en sont frappés se mettent
à manier impunément fers rouges et aiguilles, à déli-
rer, saisir le tambour magique et prophétiser. Lorsqu'on ne les écoute pas, ils deviennent fous furieux.

En Chine, nous retrouvons, dans les couvents des Lamas, ou moines bouddhistes, les plus merveilleuses pratiques spirites et, entre autres, les phénomènes d'insensibilité.

Dans les *Souvenirs d'un voyage en Chine et en Tartarie*, du père Huc, missionnaire apostolique, ainsi que chez de Vesme, on trouve le cas étonnant d'invulnérabilité d'un lama. Il s'ouvre le ventre avec un couteau, recueille un peu de sang de sa blessure, le porte à la bouche, y souffle trois fois, puis le jette en l'air avec un grand cri. Se passant ensuite la main sur la blessure, il n'en reste plus trace, sauf un grand abattement.

Tcherpanoff cite une méthode en usage au Thibet pour découvrir les objets volés. Le lama s'assied à terre et impose les mains sur une table carrée, en lisant un livre. Au bout d'une demi-heure, il se lève, ôtant les mains de la table, mais les gardant toujours dirigées vers elle. La table quitte alors le sol et se dirige dans une direction donnée. Le prêtre la suit, toujours les bras étendus, et elle finit par s'arrêter à l'endroit où est l'objet volé, ou tout près. « Dans l'expérience à laquelle j'assistais, dit Tcherpanoff, la table alla à environ 30 mètres. L'objet cherché n'y était pas, mais aux environs était la cabane d'un colon russe chez qui l'on retrouva l'objet volé. »

John Bell, qui parcourut l'Asie en 1719, raconte qu'un marchand russe ayant été volé dans une tribu mongole, un lama prit un banc, le retourna plusieurs fois jusqu'à ce qu'il se mit en mouvement vers la tente du voleur.

Chez les Japonais, la croyance aux esprits des morts est si vive que la religion populaire, le Shintoïsme, se réduit en dernière analyse au culte des trépassés. Ils ont des médiums femmes, dites *icika*, jeunes filles de quinze à vingt ans, sans domicile fixe, parcourant le pays à la recherche de clients. Leur méthode d'évocation est la suivante. Elles posent sur un plateau une tasse de porcelaine pleine d'eau. Le consultant écrit le nom de la personne avec qui il veut communiquer sur une longue bande de papier, enroule ensuite celle-ci et l'immerge dans l'eau, en aspergeant trois fois l'*icika*. Cette dernière, la tête dans les mains, murmure des prières jusqu'à l'évocation de l'âme du mort ou de l'absent, âme qui prend ensuite possession du médium et qui par sa bouche répond aux questions qu'on lui fait.

LA MAGIE CHEZ LES ANCIENS GRECS, LES HÉBREUX, ETC.

Nous retrouvons les mêmes faits chez les peuples anciens. On trouve des médiums et des magiciens chez les Scandinaves et les Teutons. Leurs rois, d'après Sasson, Jean et Olaüs le Grand, usaient d'arts magiques à la guerre. Tacite dit que les femmes germaines excellaient dans la magie et les arts divinatoires.

La magie a été pratiquée par les peuples de l'antique Orient, Chaldéens. Assyriens et Persans, dont les prêtres et mages (du zend *mah*, prononcé *mag* et voulant dire *grand*), s'occupaient d'astrologie et de sciences occultes. D'après Strabon, ces prêtres cherchaient à découvrir l'avenir et à influer sur le présent par trois méthodes : 1° évocation des esprits ; 2° consultation des tables, tasses, etc. ; 3° usage de la vision au verre d'eau, de trépieds mobiles et d'autres pratiques encore usitées.

Chez les Hébreux, Samuel fonda un séminaire de prophètes à Rama. Être fou ou névropathe était alors un titre pour passer prophète, et Saül fut reconnu comme tel lorsqu'il se mit tout nu. Le premier livre de Samuel nous montre des bandes de faux prophètes parcourant les campagnes, mangeant des ordures et se tailladant les mains. Dès Jéroboam II, sept siècles avant notre ère, le prophétisme prit une importance croissante. En ces temps on interrogeait les prophètes comme aujourd'hui les somnambules et comme chez les Grecs et les Romains les oracles.

Les gouvernements de l'ancienne Grèce envoyaient consulter l'oracle de Delphes en toute affaire grave. Les Romains y avaient aussi recours, manquant d'oracle national. Les oracles anciens employaient la médiumnité au verre d'eau. Près de Tlémessée était un temple d'Apollon, où les consultants voyaient dans l'eau d'un puits la réponse à leurs demandes. Selon Apulée, qui se réclame de Varron, l'issue de la guerre de Mithridate fut prédite aux habitants de Tralles par un enfant regardant dans un vase rempli d'eau. D'autres oracles grecs donnaient leurs réponses au moyen de songes (oniromancie); tels ceux d'Amphiaraüs, de Pasiphée, de Calchas. Ceux d'Esculape à Epidaure, et aussi à Rome, étaient consacrés à la guérison des maladies, comme aujourd'hui le sanctuaire de Lourdes.

On sait que la prêtresse de Delphes parlait diverses langues au moment de l'inspiration. tout comme nos médiums. L'oracle d'Ammon parla grec à Alexandre; Mys reçut de l'oracle d'Apollon une réponse en son idiome larien; d'autres oracles grecs répondaient aux Barbares dans leurs propres langues.

On trouvait aussi des oracles en Italie, bien que l'usage étrusque des augures, aruspices, livres sibyllins, en diminuât le rôle. Sans compter ceux de la grande Grèce, on peut citer ceux de Mars dans les Abruzzes, de Faunus à Tivoli et sur le mont Aventin, de Géryon à Albano, d'Hercule à Tivoli et à Rome, de Jupiter à Terracine, de la Fortune à Préneste et Antium. Dans certains de ces temples, les réponses s'obtenaient au moyen de *sortes* ; dans d'autres c'étaient les statues et les images mêmes des dieux qui répondaient de vive voix aux demandes (oracles autophones).

Les Romains se servaient beaucoup d'augures et d'aruspices consultant les entrailles des victimes ; mais les consultations les plus solennelles, auxquelles on ne recourait qu'en cas grave, se faisaient au moyen des sibylles.

Apollonius de Thyane, qui vécut au premier siècle de notre ère, est la grande figure de la théurgie antique. Il était vraiment doué de double vue. Un jour, étant à Alexandrie, il annonce à Vespasien l'incendie du temple de Jupiter au Capitole, survenu à Rome le jour précédent. Accusé de conspirer contre Domitien en faveur de Nerva et traîné devant le tribunal impérial, il se défend brièvement, puis disparaît soudain devant toute la cour. Le fait eut lieu vers midi et, avant le coucher du soleil, Apollonius se trouvait à Pouzzoles chez ses disciples Démétrius et Damis. Une autre fois, philosophant sous les portiques d'Ephèse, il baisse tout d'un coup la voix, comme épouvanté, et s'écrie : « Frappe le tyran ». Quelques jours après on apprenait le meurtre de Domitien, survenu au moment même de la vision d'Apollonius.

LE MESSIE ET LES APÓTRES.

On sait les dons de thaumaturge de Jésus. Il est dit dans le Talmud : « L'avant-veille de Pâques

Jésus fut crucifié pour s'être voué à la magie et
aux sortilèges ». Il guérissait souvent par l'imposition des mains. « Tous ceux qui avaient quelque
mal couraient à lui pour le toucher » (saint Marc).
Comme le remarque de Vesme, ces guérisons de
Jésus n'étaient pas toujours instantanées, mais
demandaient parfois des applications répétées de
sa force curative, tout comme pour l'action magnétique et spirite. Les transfigurations de Jésus,
celle par exemple du mont Thabor, en présence
des apôtres Pierre, Jacques et Jean, ont leurs
équivalents chez les médiums, lesquels prennent
la figure de l'esprit qui parle ou semble parler
en eux.

Les phénomènes spirites étaient fréquents chez
les apôtres. On lit dans les *Actes*, chapitre II : « Il
apparut comme des langues de feu qui se posèrent
sur chacun des apôtres. Et tous furent remplis de
l'Esprit Saint et se mirent à parler des langues
étrangères ».

De Vesme remarque à ce propos : « Pour ce qui
concerne les langues de feu, il suffit d'observer
qu'un phénomène très fréquent est l'apparition de
lumières en l'air ou sur l'une quelconque des
personnes qui assistent à une séance spirite ».

On sait enfin la rivalité des mages et des apôtres
et l'analogie des phénomènes qu'ils obtenaient.
Le plus célèbre des premiers est *Simon le mage*.
Les *Actes* des apôtres lui attribuent des phéno-

mènes extraordinaires : faire marcher des statues,
se jeter dans les flammes impunément, changer de
forme, évoquer les ombres et produire des *apports*,
le tout, à son dire, avec l'aide des esprits. Célèbre
est sa lutte devant Néron avec Simon Pierre,
l'apôtre, qu'il avait défié de s'élever et de voler
comme lui dans les airs. Au jour dit, le sorcier se
lance en effet du haut du Capitole et se soutient
dans l'air. Pierre fait alors la prière suivante :
« Seigneur Jésus, montre ton pouvoir et ne per-
mets pas que ce peuple qui sera bientôt tien, soit
plus longtemps trompé ; et vous Esprits, je vous
adjure, au nom du Seigneur, d'abandonner cet
homme à lui-même ». On dit que le magicien, jusqu'alors soutenu par une aide mystérieuse, tomba
tout à coup et se cassa les deux jambes.

BAS-EMPIRE ET MOYEN AGE.

Il faut aussi rappeler les prodiges des philosophes
néoplatoniciens, dont beaucoup étaient théurges,
et ceux des martyrs demeurant insensibles aux
plus atroces tortures. Rapportons un cas de prémonition typtologique, tout à fait analogue à ce qu'on
obtient aujourd'hui, et cité par Ammien Marcellin.
Deux philosophes grecs, Patrice et Hilarius, accusés d'avoir cherché à connaître, par des pratiques
magiques, le successeur de Valens à l'empire,

10.

furent soumis à la torture, et l'on apporta devant
les juges la table dont ils s'étaient servis. Hilarius
déclara ce qui suit : « Nous avons fait parler
cette table en bois de laurier, consacrée suivant les
rites secrets. Un anneau, attaché à un ruban tenu
par nous, allait frapper dans son balancement les
diverses lettres de l'alphabet gravées sur un vase
métallique posé sur la table, ce qui formait des
vers héroïques répondant à nos questions. Comme
nous demandions qui succéderait à l'empire, l'anneau forma la syllabe *Theo*. Nous n'allâmes pas
plus avant, persuadés qu'il s'agissait de Théo-
dore... » Ce dernier était un homme estimable sous
tous les rapports, et Valens le fit mourir, bien qu'il
n'eût pas conspiré. Pourtant la réponse typtologique n'était fausse qu'en apparence, car le successeur de Valens fut Théodose, ce que les
consultants auraient sans doute appris s'ils avaient
laissé compléter la réponse.

Jamblique affirme que, lorsqu'il était ravi en
extase, il s'élevait de dix coudées en l'air, se trans-
figurait et avait la tète entourée d'une auréole
lumineuse.

Origène et Tertullien disent que les martyrs
avaient, soit éveillés, soit en songe, des visions leur
donnant le courage de subir les tortures. Perpetua et Saturus s'abandonnaient à l'épouvante,
dans leur prison ténébreuse, à la veille du supplice, lorsqu'une vision les consola. Saturus sut

qu'il mourrait d'un seul coup de dent de léopard, et Perpetua qu'elle ne s'apercevrait même pas des tortures, ce qui arriva en effet.

ORDALIES.

Arrivons au fameux jugement de Dieu, dit *Ordalie*, de l'anglo-saxon *ordal*, qui signifie jugement, pratique par laquelle on croyait pouvoir obliger, en procédant suivant certains rites, des êtres surnaturels à intervenir dans les litiges. On la rencontre chez presque tous les peuples sauvages.

En Afrique, l'épreuve du feu est usitée chez les Yoloffs et les peuples du Bénin, chez qui l'accusé doit prouver son innocence en tenant dans la main un fer rouge, ou en se le faisant passer trois fois sur la langue par un prêtre. A Loango, on passe sur les jambes de l'accusé un couteau rougi, lequel doit se refroidir en cas d'innocence. Chez d'autres tribus l'innocent doit tremper impunément la main dans l'huile bouillante ou en retirer un objet quelconque.

On consulte aussi l'esprit des défunts, surtout pour découvrir l'auteur de leur mort. Les sorciers, saisissant le cadavre par la tête, se sentent poussés vers la cabane du coupable. Les sauvages africains usent également de l'épreuve par le poison, que l'on mêle à l'eau ou au pain.

Les Australiens ont plusieurs façons d'interroger le défunt sur la cause de sa mort, rarement considérée comme naturelle. On met le cadavre dans une bière, puis on lui demande si quelqu'un l'a frappé dans le sommeil, s'il le connait, si c'est un tel ou un tel. Si la bière remue, la réponse est affirmative. On croit que c'est Huinyo, Dieu de la mort, qui la fait bouger. D'autres fois, la bière est soutenue par plusieurs personnes, qui sentent une secousse lorsqu'on nomme le coupable, ce qui est analogue à ce que nous voyons dans nos séances spirites.

Les sorciers des iles Hawaï prétendent voir la figure des coupables à la surface de l'eau (application de la médiumnité au verre d'eau), ou durant le sommeil fatidique qui suit les conjurations. Ils récitent aussi des prières, pendant que l'accusé tient la main sur un verre d'eau, laquelle doit se rider s'il est coupable.

Il est parlé du jugement de Dieu déjà dans les Védas. Le code de Vichnou, qui date de peu de siècles avant notre ère, décrit les épreuves de la balance, du fer rouge, de l'eau froide, du poison, de la potion sacrée.

L'épreuve de la balance consistait à peser deux fois l'accusé, qui la seconde fois, après l'incantation, devait être plus léger, s'il était innocent. Pour l'épreuve de l'eau froide, on mettait l'accusé dans un sac que l'on jetait à l'eau. S'il allait au

fond, il y avait culpabilité. innocence dans le cas
contraire.

Remarque intéressante, c'était le contraire au
Moyen Age pour l'*épreuve de l'eau froide*, qui servait à reconnaître sorciers et sorcières. L'accusé
était innocent s'il enfonçait, il était coupable s'il
surnageait. Cette croyance dans le moindre poids
des possédés du diable les faisait peser à la
balance, et condamner si on leur trouvait un poids
inférieur à la normale. C'est ainsi qu'au fameux
procès de Szeghedin, en 1728, on envoya au
bûcher treize sorciers qui, jetés à l'eau, avaient
surnagé, dit-on, comme du liège.

Sophocle, dans son Antigone, parle d'un accusé
prêt à prouver son innocence en touchant un fer
chaud et en traversant le feu.

Les Celtes employaient trois espèces d'épreuves :
fer chaud, eau bouillante, duel.

Chez les Germains et jusque dans le moyen âge
chrétien, le duel judiciaire fut une institution
légale. On croyait que le Très-Haut ne pouvait
abandonner un innocent, qu'il centuplait ses
forces, s'il était faible, tandis qu'il paralysait
celles du coupable. L'épreuve du feu consistait
à faire passer entre deux bûchers l'accusé habillé
d'une chemise enduite de cire. Pierre Aldobrandini
subit victorieusement en 1063 cette épreuve pour
prouver la simonie et l'hérésie de l'évêque de
Florence. La femme de Charles le Gros, accusée

d'adultère, fut revêtue d'une chemise enduite de poix, à laquelle on mit le feu, sans que l'innocente épouse subît, dit-on, de dommage.

On trouve dans l'histoire des *Camisards* un bel exemple d'épreuve du feu. Jean Cavalier, témoin oculaire, raconte ce qui suit : « Mon cousin, qui était aussi notre chef, avait convoqué près de Sévignan, en août 1703, une assemblée où vinrent 500 à 600 des nôtres. Le frère Clary sent tout d'un coup l'Esprit s'emparer de lui et annonce qu'il y a dans l'assistance deux traîtres qu'il désigne et qui se jettent aussitôt à genoux, avouant leur forfait. Pour prouver la vérité de son inspiration, Clary s'offre ensuite à entrer dans un grand feu sans en souffrir. On fait un bûcher, et il y monte au milieu de la foule pleurant et priant à genoux, tandis que sa femme crie désespérément. Il resta dans cet enfer jusqu'à ce qu'il n'y eût plus qu'un petit tas de braise. L'Esprit ne l'abandonna pas dans cette épreuve qui dura plus d'un quart d'heure, et il en sortit intact. »

Fréquente aussi était l'épreuve du fer rouge que subirent victorieusement Cunégonde, femme de saint Henri, duc de Bavière, et Emma, femme d'Ethelred, roi d'Angleterre. Ajoutons l'épreuve de la marmite d'eau ou d'huile bouillantes, en usage de tous temps chez les peuples teutons. Dans les Niebelungen on la voit subie par Gudruna, femme d'Attila, roi des Huns, accusée d'adultère.

LES THAUMATURGES CHRÉTIENS.

La religion chrétienne est peut-être, après les religions asiatiques, la plus féconde en prodiges et en phénomènes spirites. C'est une succession ininterrompue de saints, de martyrs et de miracles, comme dit Gibbon. Il faudrait des volumes pour tous ceux de l'hagiographie. Je me borne à quelques faits attribués à des saints bien connus et relativement modernes. Il s'agit le plus souvent de guérisons de maladies.

Lucrèce Gazia souffrant d'une tumeur au sein, les médecins décident de l'opérer. La nuit d'avant l'opération elle va chez saint Philippe Neri, qui touche la partie malade et lui dit : « Sois contente et ne crains rien de mal ». Lucrèce rentre chez elle, se met à table, puis se lève tout d'un coup, en s'écriant : « je ne sens plus de douleur, je suis guérie ». Au même moment les médecins arrivent pour l'opération. Ne trouvant plus de trace du mal, ils sont saisis d'étonnement.

Un moine du couvent de Saint-Gaëtan de Thyene tombe et se casse une jambe. Le médecin, devant l'inutilité des remèdes, décide l'amputation. Peu d'heures avant l'opération, le saint s'approche du patient, le réconforte, l'invite à prier, lui embrasse le membre malade et se retire ; le matin le médecin rouve la jambe guérie.

L'état de sainteté n'est pas indispensable pour de tels prodiges. Saint Augustin admet qu'il y a des personnes pouvant guérir diverses plaies par le regard, le toucher ou le souffle.

L'Irlandais Valentin Greatrakes avait un merveilleux pouvoir guérisseur. Il lui fut révélé en rêve qu'il pouvait guérir la scrofule, ainsi qu'une épidémie qui faisait des ravages à cette époque, et il y réussit en effet par simple attouchement. Il guérissait aussi plaies, ulcères, hydropisie et convulsions.

Glauville a rassemblé à ce sujet les témoignages les plus autorisés. Il en résulte que le Prophète irlandais, comme on l'appelait, procédait précisément à la façon de nos médiums guérisseurs modernes. « Par la seule application de la main, dit Rust, évêque de Dromar en Irlande, Greatrakes supprimait la douleur, fermait les plaies et guérissait une foule de maladies. L'effet était parfois très rapide. Je l'ai vu conduire à maturité en cinq jours des tumeurs qui duraient depuis des années. A mon avis, ces guérisons n'avaient rien de surnaturel, mais résultaient d'une sorte de fluide vivifiant et salutaire émané de son corps, don vraiment divin. »

Georges Fox, fondateur des Quakers, a converti plus de gens par ses guérisons que par ses prédications.

STIGMATES DES SAINTS.

Lorsque saint François d'Assise se démit du
généralat de son ordre et se retira dans une solitude de l'Apennin, il crut entendre la voix du Très-
Haut lui ordonner d'ouvrir l'Évangile, afin d'y lire
ce qu'il aurait à faire de plus agréable au Seigneur.
Trois fois le saint ouvrit le livre sacré, et trois
fois ses yeux tombèrent sur le récit de la Passion
du Christ. Dès lors il s'absorba dans la contem-
plation des peines divines. Le jour de l'Exaltation
de la Croix, il vit un ange descendre à lui du ciel,
portant un homme crucifié. Saint François sentit
alors aux mains et aux pieds des douleurs très
fortes, et il y vit des plaies sanguinolentes avec des
excroissances de chair en forme de clous. Il avait
aussi au côté le stigmate de la lance. Ces stigmates,
qui durèrent jusqu'à sa mort, n'eurent jamais
besoin de soins, ne suppurant pas.

Après saint François, les stigmatisés abondent,
sans doute par imitation et émulation. Les femmes
sont aussi nombreuses que les hommes. Citons
sainte Catherine de Sienne. Quelques-unes ont
même vécu au siècle dernier. On a pu observer
en 1812 les stigmates de Catherine Emmerich. Le
prussien von Hartwig a pu voir en 1840 Maria Moerl,
dont les plaies saignaient tous les vendredis.
Il cite aussi Marie Lazzari, de Cipriani en Trentin,

qui avait, en plus des signes de la crucifixtion,
ceux de la couronne d'épines. Pic de la Mirandole
a vu et décrit l'empreinte de la couronne que portait sur la tête sainte Catherine de Racconigi.

Les stigmates ne sont pas un privilège réservé
aux saints. La *Vie de saint Ignace de Loyola* cite
une jeune femme de mœurs légères, tombant souvent en extase et ayant aux pieds, aux mains et à
la tête les blessures de la crucifixtion. Le père
Drebegne, trappiste et médecin, nous parle (1840)
d'une autre femme stigmatisée malgré sa conduite
déréglée.

Les hérétiques ont aussi nombre de stigmatisés.
Presque deux cents parmi les convulsionnaires de
Saint-Médard éprouvaient les douleurs de la Passion.

Le docteur Arnhard a vu des stigmatisés maho-
métans ayant les signes des blessures reçues par
le Prophète en luttant pour la foi.

On a constaté, chez les saints en extase, l'incombustibilité observée chez certains martyrs, dans
les jugements de Dieu et chez quelques médiums.
On dit que sainte Catherine de Sienne, lévitée en
extase, fut jetée plusieurs fois devant témoins dans
les flammes par une force invincible, sans que le
feu eût d'action sur elle. On raconte qu'un charbon
allumé tomba un jour sur un pied de Siméon
d'Assise en extase et y brûla complètement, sans
lui occasionner douleur ni lésion. La célèbre
Bernadette de Lourdes garda un quart d'heure

impunément entre les doigts la flamme d'une torche,
devant des centaines de témoins.

Ce phénomène n'est pas un privilège des thau-
maturges chrétiens. Maints passages de la Bible
sont relatifs au culte de Moloch, à qui l'on rendait
hommage « en traversant le feu sans se brûler ».

Strabon cite les prêtresses de Diane en Cappadoce
courant pieds nus sans se brûler sur des charbons ardents. Pline en dit autant des fidèles
d'Apollon dans le pays des Falisques, près de Rome,
et Virgile y fait aussi allusion dans l'Enéïde
(XI, 785).

Même phénomène chez les Nistinaires, secte
religieuse très ancienne des environs de Bourgas
Roumélie), cas cité par André Lang dans la *Con-
temporary Review* d'août 1896, et aussi chez certaines tribus de l'Inde et de Polynésie.

Mais le cas le plus extraordinaire est celui de
Marie Sonnet, connue à son époque sous le nom de
salamandre. On sait que le Paris du milieu du
xviiie siècle fut bouleversé par les prodiges des
convulsionnaires. Carré de Montgeron dit à ce
sujet : « Tout Paris a vu Marie Sonnet s'étendre
sur des charbons ardents sans dommage pour elle
ni pour ses habits. D'autres convulsionnaires ont
pu rester impunément au milieu des flammes,
avaler de la braise allumée, mettre la tête au feu
sans en souffrir, marcher sur le feu qui consumait
leurs souliers en laissant leurs pieds intacts ».

LÉVITATION CHEZ LES SAINTS.

C'est l'un des phénomènes les plus fréquents dans l'extase religieuse. Görres, dans sa *Mystique*, en cite un grand nombre d'exemples.

C'est Marguerite de Hongrie qui s'élève en l'air après chaque communion ; saint Dominique qui s'en va prier dans une église où on le retrouve entre ciel et terre. Le même fait arrive à saint Bernard pendant qu'il prêche ; à saint François Xavier disant la messe ; à saint Albert récitant des psaumes, à genoux devant le crucifix ; à saint Ignace de Loyola, sainte Catherine de Sienne, à saint Étienne, roi de Hongrie, à Thérèse, reine de Castille, François d'Assise, etc., etc.

Les historiens des divers ordres religieux sont remplis de faits semblables, arrivés devant des foules entières. Bernadette, l'extatique de Lourdes, a été vue maintes fois flottant en l'air, tandis qu'elle priait. Saint Louis de Gonzague restait ainsi suspendu, immobile et insensible. Saint Pierre d'Alcantara, célèbre par ses lévitations, dépassait dans ses vols la cime des plus grands arbres.

Sainte Thérèse parle ainsi de ses lévitations : « Lorsque je sentais que le Seigneur allait opérer le prodige, je me couchais à terre, et mes compagnes essayaient en vain de me retenir. Mon corps tout entier était comme attiré en haut. Quand je voulais résister, je sentais une force miraculeuse qui m'enlevait ».

Tout comme les stigmates, les lévitations ne sont pas l'apanage des saints et se remarquent aussi chez les démoniaques. La tradition dit de sainte Geneviève qu'elle fit rester en l'air douze brigands amenés devant elle. Son maître, saint Germain, avait, dit-on, le même pouvoir. Le livre *L'affaire curieuse des Possédées de Louviers* parle de plusieurs religieuses transportées de leurs cellules dans la cour, sur le toit, sur un mur élevé, ou dans un bois voisin.

Une malheureuse possédée de Vervins, Nicolette Aubry, s'éleva plusieurs fois dans la cathédrale de Laon, devant une foule immense, malgré les efforts de six hommes.

Non moins surprenants sont les transports corporels *invisibles*, par exemple d'une personne disparaissant d'un endroit pour réapparaître ailleurs. Les *Actes des Apôtres* disent de saint Philippe : « L'Esprit du Seigneur le ravit, il disparut d'où il était et se retrouva à Asot ». Saint Jean de la Croix passait pour ainsi dire sa vie en lévitations. Les Bollandistes disent qu'il lui arrivait de disparaître du lit où il était couché infirme, pour y revenir quelque temps après. Ce phénomène, rare dans l'hagiographie, a été répété par quelques médiums modernes, comme les frères Pansini, de Ruvo en Pouille.

MAGES ET SORCIERS.

Même à l'époque chrétienne, nous voyons les sortilèges des sorciers coexister avec les miracles des saints, et les sciences occultes viser comme toujours à la connaissance de l'avenir.

Citons les principales formes de divination, employées dans l'antiquité et dans les premiers siècles chrétiens.

Alevromancie, divination par la farine répandue sur la tête des victimes des sacrifices; Acromancie, par le vent ; Arithmomancie, par les nombres ; Astrologie, par les astres; Cubomancie, par les dés ; Botanomancie, par les feuilles ; Bibliomancie, par les livres : Cartomancie, par les cartes à jouer ; Capnomancie, par la fumée; Catoptromancie, par les miroirs ; Ceromancie, par les figures de cire ; Chiromancie, par l'observation des mains ; Hépatoscopie, par l'examen du foie des victimes ; Pharmancie, par les parfums ; Giromancie, par des cercles tracés sur le terrain ; Lampadomancie, par la forme des flammes des lampes ; Leconomancie, par des bassins pleins d'eau ; Molybdomancie, par la cire ou le plomb; Nécromancie, par l'évocation des morts; Nephelomancie, par l'observation des nuages ; Oniromancie, par les songes ; Onomamancie, par les noms propres; Pyromancie, par le feu ; Rabdomancie, par la baguette ; Rhapsodomancie, par les livres prophétiques ; Terastocopie, par les images ; etc., etc.

Parmi tous ces moyens divinatoires, il faut remarquer la Catoptromancie, qui s'effectue par le regard, et l'Hydromancie, la Leconomancie, qui ont pour base l'eau. Les spirites actuels nomment la première : *vision au cristal* ; et les autres : *médiumnités au verre d'eau*. Mais toutes ont le même principe, qui est l'hallucination produite en fixant une surface brillante. On obtenait aussi les mêmes effets en fixant des ongles, un bouclier, ou la lame d'une épée.

L'antiquité de ces moyens divinatoires est évidente. On en trouve déjà la trace dans la Bible, qui fait allusion à la coupe dont Joseph se servait pour la divination, et en Grèce, où les réponses de l'oracle d'Apollon étaient obtenues en regardant dans un puits.

Varron fait venir de Perse l'usage des miroirs magiques. D'après saint Augustin, Numa voyait dans l'eau l'image des dieux lui indiquer ce qu'il fallait faire.

Pline et Apulée décrivent la *Leconomancie*. Elle consistait à jeter dans un bassin plein d'eau des lames d'or et d'argent, ce qui y faisait apparaître les figures désirées ; on entendait en même temps la réponse, le phénomène auditif se mêlant ainsi au visuel.

A une époque plus moderne, nous voyons l'astrologue Ruggieri se servir d'un miroir magique, pour apprendre à Catherine de Médicis l'avenir de ses deux fils, Charles IX et Henri III.

Noël Lecomte écrit que le roi François Ier, au moment de ses guerres avec Charles-Quint, savait de Paris ce qui se passait à Milan, grâce à un espion écrivant sur un miroir magique ce qu'il voulait apprendre au roi, lequel le lisait à Paris sur un autre miroir semblable.

Ces pratiques magiques n'étaient pas sans danger. On brûla, entre autres. en place de Grève, en 1609, un nommé Saint-Germain pour s'être servi de miroirs magiques.

Ces pratiques sont encore aujourd'hui très répandues en Orient. D'après l'orientaliste Reinaud, les Levantins ont des miroirs magiques dans lesquels ils s'imaginent faire apparaitre les anges, en jeûnant sept jours dans la solitude.

Les brahmanes et les musulmans des Indes en font aussi usage. Si l'on croit quelqu'un victime d'une possession, on met le miroir. dans la main d'un enfant. qui ne tarde pas à y voir le démon tourmenteur.

Ibn Khaldun écrit à ce sujet : « On croit à tort que l'image apparait à la surface du miroir. Le devin regarde ce dernier jusqu'à ce qu'il se forme une sorte d'écran en forme de nuage entre le miroir et lui. C'est sur cet écran que se dessinent les formes apparues. Les devins ne voient pas ce que les autres voient normalement sur le miroir. Il s'agit chez eux d'un autre mode de perception ». Cette description est tout à fait analogue à celle que donnent du même phénomène nos médiums modernes.

LES CONVULSIONNAIRES.

Les faits de prophétisme, inspiration, possession et autres semblables se présentaient d'ordinaire sous forme de cas sporadiques et individuels dans l'Antiquité. Aux xvie, xviie, xviiie siècles, nous les voyons se produire sous forme épidémique. C'est vers 1550 qu'éclata simultanément sur divers points d'Europe l'épidémie démoniaque, que les Français nomment *possession des nonnains*, parce qu'elle s'attaquait surtout aux nonnes.

Le rituel catholique dit que les signes auxquels on peut reconnaître la possession sont les suivants :

1° Faculté de connaître la pensée d'autrui, même inexprimée ;

2° Intelligence des langues étrangères et faculté de les parler ;

3° Connaissance de l'avenir ;

4° Connaissance de ce qui se passe au loin ;

5° Forces physiques supérieures ;

6° Lévitation du corps.

Or, c'est précisément ce que l'on rencontre plus ou moins chez nos médiums.

Les *convulsionnaires* présentent d'étranges phénomènes d'invulnérabilité, presque sans analogues dans l'histoire.

Marie Sonnet se mettait en position d'arc renversé,
la tête et les pieds à terre, les reins soutenus par
un pieu, et on lui faisait tomber plusieurs fois sur
le ventre un poids de 50 livres. Elle n'en gardait pas
la moindre trace et demandait des poids plus forts.
Carré de Montgeron frappe de toute sa force la
convulsionnaire Jeanne Maulet au creux du thorax
avec un chenet de fer, passe ensuite ce dernier à
un homme vigoureux, qui frappe une centaine de
fois la patiente, laquelle trouve les coups trop
faibles et n'en garde pas de trace. Une femme
de Méru, diocèse de Beauvais, se fait donner des
coups d'épée par tout le corps et, bien que la peau
plie sous la pointe de l'arme et soit marquée en
rouge, la chair n'est pas trouée.

FABRICATION ARTIFICIELLE DE MÉDIUMS ET SORCIERS.

Nous avons vu les peuples primitifs se servir de
névrosés et d'hystériques comme prophètes et
médiums. Quand ceux-ci manquent chez les sauvages, ils en fabriquent artificiellement. Ayant
remarqué que les pouvoirs médianimiques sont
liés aux états névropathiques, ils provoquent l'apparition de ceux-ci, chez les individus prédisposés,
au moyen de diverses pratiques : peurs dans l'enfance, jeûnes, etc. Une première méthode consiste
dans les modifications imprimées dès l'enfance et
même avant la naissance. Chez les sauvages des

îles Aléoutiennes et chez les Dayaks de Bornéo, les
parents qui veulent avoir des enfants sorciers
jeûnent ou s'interdisent certains aliments. L'enfant
subit dès son bas âge une série d'initiations, jeûne
souvent, s'isole à intervalles réguliers, etc. A ce
régime, il devient bientôt à demi aliéné, ne sait
plus s'il veille ou s'il rêve, provoque autour de lui
de grandes sympathies ou antipathies. Comme les
yoghis et les fakirs de l'Inde et les chamans de
Sibérie, il a des manifestations épileptiques, convulsions et cris, écume à la bouche, figure conges-
tionnée, en même temps que de l'hyperesthésie et
une singulière lucidité. Finalement l'individu
choisi est proclamé sorcier, ou grand, ou ancien,
et cumule les fonctions de conseiller, juge, arbitre,
prophète, poète, médecin, etc.

L'initiation à la médecine se fait chez les Bilcula
par des jeûnes et des prières; chez les Peaux-
Rouges, par le jeûne et la solitude. Chez les Indiens
de Gamina, le candidat doit se nourrir de certaines
feuilles et s'isoler, jusqu'à ce qu'un fantôme lui
apparaisse. Les futurs sorciers des Walla-Walla
et des Wascows doivent dormir sur la terre nue
et jeûner jusqu'à ce que l'esprit leur apparaisse
sous forme de buffle ou de chien. A Sumatra, le
candidat reste tout le jour dans une corbeille
pendue à une fenêtre et jeûne en priant la divinité
de le rendre invulnérable. Si sa tête remue, c'est
que l'esprit est entré chez lui : on le perce alors à

coups de lance, et les blessures cessent de saigner et se ferment d'elles-mèmes, parait-il, quand il les touche avec les mains.

Le *Thay-Phap*, sorcier-prophète des Annamites, doit se nourrir d'une plante à feuilles en forme de cœur. Les sorciers du Loango ne boivent qu'à certaines heures et en certains lieux et mangent rarement de la viande ; celle de certains animaux leur est défendue.

* *

Une autre méthode consiste à provoquer les convulsions et le délire par des substances enivrantes ou par des mouvements précipités de la tête.

Les Aïssaoua sont une secte très répandue en Algérie. Ces fanatiques étant réunis dans une salle bien éclairée, des musiciens frappent sur un énorme tambour deux coups lents et un rapide, et tout le monde entonne une chanson barbare. Ce chant produit, dit-on, malgré son incohérence, un enthousiasme frénétique même chez les spectateurs sceptiques.

Les fidèles les plus excités tombent alors en *djedjeb* ou convulsions saintes, le chœur cesse les chants et les tambours continuent à battre. Les Aïssaoua tournent de plus en plus furieusement, les veines de leur cou se gonflent et le sang leur sort de la figure. A ce point d'excitation, ils saisissent des barres de fer rouge, s'en frappent à la

tête, les lèchent et les mordent. Alors le *djedjeb*
devient général. Tous crient et courent furieusement en se frappant les bras et les épaules. Ils
demandent à manger et on leur donne des feuilles
de cactus épineux et des scorpions vivants, qu'ils
avalent avec avidité. Certains imitent le rugisse-
ment du lion et le cri du chameau.

Une société aussi nombreuse et sanguinaire
existe chez les nègres de Saint-Domingue. C'est
celle du Vaudou, nom qui désigne à la fois la divinité, l'institution et ses adeptes. Au fond de la
salle de réunion est un coffre où est couché, sous
des chiffons rouges, le serpent-dieu, à côté du
prêtre et de la prêtresse, appelés père et mère. Le
prêtre, un pied et une main sur le coffre, entonne
un chant sacré et pousse la prêtresse, laquelle
communique la secousse au cercle des assistants.
Ceux-ci s'agitent par des mouvements de côté qui
semblent leur disloquer la tête et les épaules ; une
exaltation fébrile se propage à tous les affiliés, et
les nègres, en proie à une fureur extraordinaire,
se plongent les bras dans l'eau bouillante, se tail-
ladent les chairs avec un couteau, ou s'écorchent
la peau avec les ongles.

La Bible, ainsi que les monuments de Ninive, nous
font connaître des pratiques aussi étranges chez les
prêtres de Baal. Les prêtres hindous de Siva et de
Durga usent également de convulsions, suivies de
sévices volontaires et de contorsions érotiques.

Les santons d'Egypte et les derviches turcs rappellent les Aïssaoua d'Algérie. Chaque couvent de
derviches a son espèce particulière de danse
sacrée, ou mieux de convulsions épileptiques. Les
uns plient le corps de gauche à droite et d'avant en
arrière ; d'autres marchent serrés en groupe, avec
une vitesse croissante ; d'autres remuent la tète de
côté, se tiennent serrés, chacun ayant un bras sur
les épaules des voisins, et tournent de plus en
plus vite, jusqu'à ce qu'ils tombent dans l'*haleth* ou
ravissement. Dans cet état ils subissent l'épreuve
du fer chaud et se frappent à coups de sabre.

La coexistence de pratiques si singulières et si
semblables chez des races différentes et éloignées
les unes des autres, Sémites, Aryens, Nègres, etc.,
tient à une cause plus profonde et plus physiologique que la religion, laquelle varie avec le génie
des peuples. Cette cause est l'usage général des
divers excitants du cerveau, vin, alcool, kola,
sôma, opium, etc. Les peuples qui les ignorent à
cause de leur état sauvage, comme les nègres, ou
à qui la religion défend de s'en servir, comme les
Musulmans, y suppléent par le mouvement latéral
de la tête et du corps, lequel est bien le plus sauvage
moyen d'ivresse, comme on peut s'en convaincre
par l'expérience, vu la congestion qu'il produit
dans le cerveau.

Dès que les peuples primitifs eurent remarqué
que ces pratiques produisaient l'ivresse et les con-

vulsions, états anormaux où ils voyaient comme
une possession divine et comme une seconde personnalité qui leur paraissait sacrée, ils s'en servi-
rent pour entrer en rapport avec les dieux, tout
comme ils se servaient des épileptiques et des fous.
Les prêtres antiques usèrent surtout de substances enivrantes, dont ils avaient constaté l'action
excitante sur le cerveau, et ils les déclarèrent
saintes. Les légendes religieuses disent en effet
que la vigne est née d'une goutte de sang divin.
Bacchus est l'inventeur du vin et l'initiateur de
la civilisation. Le vin est la liqueur sacrée de la
liturgie, des libations et des ablutions, et chez les
Egyptiens l'usage n'en était permis qu'aux prêtres.
Même caractère sacré du sôma védique, qui n'était
permis qu'aux brahmes, comme le coca péruvien
aux seuls descendants des Incas.

On s'est aussi servi de vapeurs toxiques, comme
moyen d'excitation sacrée. A Delphes et à Délos
en Grèce, les prophétesses étaient des hystériques
intoxiquées avec des vapeurs de laurier et d'orge
brûlés. La fameuse Pythie, en particulier, se mettait en inspiration par des fumigations de ces
plantes et par des vapeurs sorties du sol. Elle pro-
phétisait assise sur un trépied situé au bord d'un
trou d'où s'échappaient des gaz toxiques, hydro-
carbures et hydrosulfures parait-il, qui l'envelop-
paient jusqu'à mi-corps et la mettaient en *trance*
si énergique qu'elle en mourait parfois.

Ces vaticinations provoquées par des gaz souterrains existaient aux bords des lacs Averne, Héra-
clée et Figale, que l'on croyait communiquer avec
les enfers.

Notons que Porphyre a remarqué que le prophète ou médium se trouve dans un état pathologique, tantôt naturel, tantôt artificiel. « La cause
qui produit l'extase pourrait bien être une affection
mentale, ou folie pathologique, provenant d'une
surexcitation psychique analogue à celle qui
résulte de veilles prolongées ou d'excitants pharmaceutiques. Quant au démon auquel on attribue
l'extase, je soupçonne qu'il pourrait bien être une
partie de l'âme humaine. »

Les *Liebascia* ou sorciers qui découvrent les
voleurs, chez les modernes Abyssins, sont également
des médiums artificiels, formés au moyen de
toxiques et d'excitants. L'odeur de la pipe qu'ils
fument rappelle celle du haschisch, excitant bien
connu en Orient.

CHASTETÉ DES MAGES.

La chasteté, pourtant méprisée chez les peuples
anciens et sauvages, est le signe de la sainteté dans
beaucoup de religions et elle est imposée aux sorciers et aux prêtres. Les sauvages sibériens croient
que les sorciers ou *chamans* sont tués par leurs
esprits protecteurs, s'ils violent leur vœu de chas-

teté. Les sorciers patagons sont tenus à une chasteté complète. Il en était de même des prêtresses mexicaines et de celles du soleil dans l'ancienne Perse. Les Hindous, qui honorent tant le mariage, trouvent méritoire le célibat pour leurs mages et leurs saints.

Tout ceci, d'après Westermark, viendrait de ce que les prêtresses étaient regardées comme les épouses de la divinité et le contact sexuel comme impur, et aussi de ce que l'on cherchait à apaiser la colère divine par une souffrance volontaire. Je crois plutôt qu'on voulait, par l'abstinence absolue, provoquer des troubles génésiques se traduisant par une énorme excitation du système nerveux, laquelle conduit à l'hystérie et par suite à la médiumnité.

MAGES ET PRÊTRES HABILLÉS EN FEMMES.

Mais on a une autre preuve plus curieuse dans la préférence donnée à la femme, tout comme aux chastes, pour communiquer avec la divinité, chez presque tous les peuples anciens et sauvages, bien que la femme y soit généralement méprisée. Ce mépris de la femme est d'autant plus étonnant chez ces peuples, que leurs prêtres et leurs mages adoptaient et adoptent encore le costume, les ornements et l'allure de la femme.

Nous avons vu que les sorciers des Dayaks et autres peuples sauvages s'habillent en femmes.

12.

Les prêtres persans avaient pour coiffure une tiare terminée par un voile. Or, dans presque tout l'Orient, les femmes se voilent encore la figure. Les femmes d'Israël et d'Assur portaient une sorte de tiare ou mitre ornée d'un voile. A considérer la coiffure des montagnardes de Piémont et de Norvège, on se rend compte que mitres et tiares ont été à l'origine des coiffures féminines.

Les prêtres phrygiens de Cybèle, dits *Curètes* ou *Corybantes*, dansaient autour de l'idole de la déesse, se tailladaient et se flagellaient les chairs, se châtraient en criant et en chantant, jetaient leurs organes dans les lieux sacrés et s'habillaient en femmes. Les prêtres égyptiens étaient rasés et épilés, et ils portaient des colliers de perles et des anneaux aux pieds comme les femmes. Les prêtres syriens avaient le costume féminin, tout comme aujourd'hui encore les sorciers des Peaux-Rouges et autres sauvages. La longue robe de nos prêtres rappelle le costume féminin, de même que les ornements sacerdotaux rappellent les ornements de la femme.

HYSTÉRIE ET MAGIE CHEZ LA FEMME.

D'où viennent ces contradictions? Comment se fait-il que la femme, méprisée au niveau de l'animal, chez l'homme primitif, soit en même temps l'objet de tant de vénération? C'est que les prêtres sont conservateurs des usages antiques. Or le costume féminin, réductible à un drap enveloppant le corps, est plus ancien que le masculin, réductible au costume militaire, comme le montre Haeckel.

Lorsque le mâle a adopté un costume spécial, à l'imitation du guerrier, le prêtre ne l'a pas suivi et a adopté le costume féminin, avec les voiles, les ornements, la coupe de cheveux et l'absence de barbe. Ce qui s'explique par le fait que la femme est plus apte à l'hypnose et aux phénomènes mystérieux de la télépathie et de la médiumnité, auxquels le prêtre aspirait par-dessus tout et qu'il voulait monopoliser, comme tout ce qui touche à ses fonctions.

On sait que la femme est plus souvent hystérique que l'homme ; mais on sait moins qu'elle est plus facilement sujette aux phénomènes hypnotiques. Pitré affirme qu'un tiers des femmes et seulement un cinquième des hommes est hypnotisable.

Sur 300 personnes hypnotisées par Bertillon, on trouve 265 femmes, 50 hommes et 45 jeunes garçons. Une étude faite sur 17.000 individus indique 12 p. 100 de femmes et 7 p. 100 d'hommes sujets à des hallucinations véridiques. D'après Jastrow, 15 p. 100 des hommes et 26 p. 100 des femmes rêvent souvent ; 7 p. 100 d'hommes et 8,3 p. 100 de femmes rêvent toutes les nuits. Or, l'hystérie et l'hypnose prennent facilement chez les peuples primitifs la forme de magie, sorcellerie, prophétie, et c'est pourquoi ces peuples croient les femmes plus aptes à ces fonctions.

Bodesi calcule que la proportion des sorcières aux sorciers est comme 50 à 1.

Les Cafres de l'Orange croient la malédiction masculine sans effet et la féminine toujours efficace. Pour les Hindous de Peschawer, les femmes sont toutes sorcières ; leur pouvoir n'agit pas toujours, mais est toujours latent. Même croyance dans le Gampour et autres régions de l'Hindoustan. Dans le Pangar, s'il arrive trois ou quatre morts successives, les femmes sont vites soupçonnées, et la coupable, ou prétendue coupable, découverte par des moyens spéciaux.

Les nègres de la Côte des Esclaves croient toutes les hystériques possédées par des esprits, et les femmes, destinées pour cette raison aux fonctions religieuses, dominent leurs maris qui leur servent de domestiques.

On sait que les oracles de Delphes étaient rendus par des femmes hystériques et convulsionnaires, dirigées par des prêtres mâles. Ces femmes, nommées Pythies, ne prophétisaient guère que deux fois par an. Elles s'y préparaient par des jeûnes de trois jours, se baignaient dans la fontaine Castalie et mâchaient des feuilles de laurier. Au jour établi, Apollon se manifestait en agitant le laurier planté à la porte du temple. La Pythie se plaçait alors sur un trépied, au milieu d'épaisses

vapeurs d'herbes odorantes brûlées sous elle.
Dès qu'elle sentait le souffle divin, elle se mettait
à trembler, les cheveux dressés, les yeux con-
vulsés, la bouche écumante, se débattait aux mains
des prêtres en poussant des cris qui remplissaient
tout le temple, et rendait ses oracles. Elle était
ensuite longtemps malade, deux mois entiers,
dit-on, et parfois mourait.

Les Hébreux, malgré leur mépris pour la
femme, ont eu nombre de prophétesses : Marie,
sœur de Moïse, Débora, Holda et, dans le Nouveau
Testament, Anne-Marie et les quatre filles de
Philippe l'Évangéliste.

Les femmes israélites n'avaient pas part aux
fonctions sacerdotales, non plus que les femmes
bouddhistes, parsies et musulmanes; mais il en
était tout autrement chez les Grecs et les Romains,
comme le prouve l'exemple des pythies et des
vestales. Chez les Étrusques, les femmes étaient
admises au sacerdoce en plus grand nombre que les
hommes.

Gaulois et Germains croyaient les femmes plus
aptes que les hommes à recevoir l'esprit prophétique. Les Germains n'entreprenaient rien sans avoir
consulté leurs prêtresses, qu'ils croyaient inspirées.
On sait l'importance et le rôle des collèges de
druidesses de l'île de Sein, de Namnète à l'embou-
chure de la Seine, et d'autres lieux saints de
Gaule et de Bretagne. Elles guérissaient les mala-

dies, rendaient des oracles en consultant les astres,
les entrailles des victimes immolées, ou la manière
dont leur sang coulait. Les druidesses conservèrent
leur influence sous la domination romaine et
même sous les premières dynasties de la France
chrétienne. Sous le nom de *fées*, elles prophétisaient du fond des cavernes et des forêts. On les
croyait immortelles et on leur attribuait un pouvoir surnaturel. On demanda même à Jeanne d'Arc,
dans son procès, si elle n'était pas fée.

Ce rôle magique de la femme commence dès les
premiers âges et explique sans doute son costume.
Chez les peuples primitifs, la femme méprisée
comme femelle, et vénérée comme magicienne, à
cause de sa plus grande aptitude à l'hystérie, a
pris un costume en forme de draperie, pour
arrêter ses émanations génitales, regardées comme
maléfiques et comme pouvant troubler les cérémonies sacrées.

Pour monopoliser les pouvoirs magiques et
prophétiques, si fréquents chez la femme, et pour
empêcher celle-ci d'accaparer ce qu'il désirait
monopoliser lui-même, le prêtre n'avait plus qu'à
imiter la femme le plus possible. Dans certains
pays, il s'adjoignit des femmes, comme les pythies
grecques, les druidesses gauloises, les prêtresses
étrusques et romaines, etc. Mais la supériorité
féminine, fondée sur des conditions organiques,
survivait aux efforts des prêtres. Il ne leur restait

donc plus qu'à adopter le costume, les manières
et la vie des femmes, et à se dire femmes.

Et c'est ce qu'ils firent un peu partout. Dans les
mystères de la Bonne Déesse, à Rome, on ne
consacrait que les femmes. Les hommes, pour y
être admis, devaient, d'après Juvénal, s'habiller
en femmes, se voiler la tête et se mettre des colliers. Les corybantes de Phrygie, tout comme les
sorciers peaux-rouges, pratiquaient même l'auto-
émasculation et, pour compléter la transformation,
s'affublaient en femmes et se rasaient la barbe.

En se transformant autant que possible en femmes, les prêtres se sont ainsi assuré la suprématie
dans les domaines de la magie et du prophétisme.

Que si maintenant, par la bouche du Vatican et
de ses organes, ils lancent des anathèmes contre
le spiritisme (qu'ils pratiquaient autrefois sous le
nom de prophétisme), et contre l'hypnotisme, c'est
que la rapidité des découvertes sur ces sujets ne
leur a pas donné le temps de les monopoliser,
chose pourtant facile, à leur profit.

C'est ainsi qu'ils condamnaient les météorolo-
gistes, comme touchant à leur domaine, et les
fondateurs de l'astronomie moderne, Copernic et
Galilée. Mais, voyant sans effet leurs anathèmes,
ils se sont transformés en astronomes et en météo-
rologistes, fondant partout des observatoires, et
jurant d'avoir toujours protégé ces sciences, qu'ils
ont pourtant persécutées.

Il en sera sans doute bientôt de même pour les phénomènes médianimiques, quand ils auront assez progressé pour entrer comme fondement dans une religion nouvelle.

*
* *

L'essentiel dans tout ce qui précède, c'est l'analogie entre les diverses variétés de médiums de tous temps et de tous pays. Les fakirs répètent, en les accentuant, les phénomènes de nos médiums, surtout lévitation, apports, matérialisations, invulnérabilité, incombustibilité, prophétie, xénoglossie, etc. Les faits observés chez les convulsionnaires, les sorciers-médecins peaux-rouges, les Camisards, etc., sont ceux qui permettaient à Clément XII de distinguer entre les vrais et les faux saints, et ceux également que les Hébreux signalaient chez leurs prophètes.

Bien que paraissant isolément invraisemblables, leur vraisemblance, pour ne pas dire leur certitude, résulte de ce qu'ils se répètent aux époques et dans les régions et les races les plus différentes, sans lien historique entre elles, et dont quelques-unes même sont en complet antagonisme religieux et politique. Comme chez nos médiums, ces phénomènes accompagnent toujours des névroses accentuées et ils atteignent leur maximum dans les états de coma, extase et catalepsie.

Médiums, mages, sorciers, saints, prophètes, fakirs, yoghis, etc., agissent également comme s'ils étaient dans un espace à quatre dimensions, sous l'influence d'êtres différents de nous et leur prêtant une supériorité momentanée sur les vivants privés de ce concours.

A l'observation que les faits merveilleux des médiums sont devenus plus rares, on peut répondre qu'ils sont encore fréquents dans les classes ignorantes, et qu'ils le seraient aussi dans [les classes cultivées si l'opinion publique les accueillait mieux.

Pour ma part, j'ai remarqué depuis des années, en étudiant les faits hypnotiques, si voisins des faits spirites, que nombre de ces derniers avaient dû être plus fréquents dans le passé où magie, télépathie, révélations des songes, prophéties étaient des pouvoirs assez répandus pour servir de professions. C'est pourquoi les sauvages qui les constatent chez les femmes, les chastes et les nerveux, choisissent parmi ceux-ci leurs sorciers ou en créent artificiellement. Mais, avec le développement de la civilisation, de l'écriture et du langage, la transmission directe télépathique de la pensée devient incommode et incertaine, trahit les secrets et ne communique les idées qu'avec des confusions et des erreurs. C'est pourquoi elle disparaît de plus en plus et, avec elle le mystère, la magie, la médiumnité. Il en subsiste bien quelque chose dans nos classes ignorantes, ainsi que chez les sauvages, mais les classes éclairées ne les présentent plus que dans les cas tout à fait pathologiques.

Tout ceci s'accorde avec l'explication géniale de Myers. Selon lui, ces phénomènes s'expliquent parce que nous possédons, en plus de la personnalité consciente ordinaire qui agit et pense, une seconde personnalité inconsciente, qu'il appelle *Moi subliminal*, d'une portée bien supérieure et possédant les facultés disparues successivement dans la lutte pour la vie, comme les sens de la direction, de la durée, des pressentiments et de la télépathie. Lorsque cette seconde personnalité est dirigée par la première, on a les saints et les génies qui dominent le monde; lorsque les deux personnalités se confondent, on a les hystériques et les fous.

Nos facultés ordinaires sont celles qui l'ont emporté dans la lutte pour l'existence, et elles vont se modifiant continuellement. Les sens artistique, moral, etc., se sont développés aux dépens des sens de la direction, de la durée, de l'odorat et de bien d'autres facultés possédées par les premiers hommes.

*
* *

La démonstration de l'existence et de la puissance des médiums, ainsi que de leur origine pathologique, est donc confirmée par la croyance de tous les peuples anciens et sauvages. Cette croyance est poussée jusqu'à leur faire adorer l'épilepsie et produire artificiellement des névroses, d'où proviennent les pouvoirs magiques et prophétiques des sorciers, qui sont les génies de ces peuples. Ceux-ci méprisent d'ordinaire les chastes et les femmes, mais, reconnaissant leur médiumnité supérieure, ils respectent et exigent la chasteté et la féminité chez leurs sorciers et leurs prêtres, au point de leur imposer le célibat et de les affubler en femmes.

CHAPITRE VI

Limites à l'influence du médium.

Tout ceci confirme et prouve la grande part du médium dans les phénomènes spirites. Ils semblent bien dus à la projection et à la transformation de son énergie, vu son épuisement après les séances, sa perte de force et de poids, la production des phénomènes dans son voisinage immédiat, etc. Mais il serait exagéré de croire que le médium explique tous les phénomènes, bien que cette hypothèse puisse séduire à première vue.

Il est en effet facile de supposer que la pensée, mouvement du cerveau, puisse se transmettre à distance, par vibrations éthérées, entre deux cerveaux prédisposés, et aussi se transformer, de force psychique en force motrice et inversement. Puisque nous avons dans le cerveau des centres qui président au mouvement et à la pensée, il est logique d'admettre que lorsque ces centres sont irrités, comme dans l'épilepsie, ils provoquent, tantôt des mouvements violents des membres, tantôt les grandes inspirations du génie, tantôt le délire de la folie.

Mais Ermacora m'a fait observer avec raison que, l'énergie du mouvement vibratoire étant en raison inverse du carré de la distance, on peut bien s'expliquer les transmissions de pensée à courte distance, mais non pas les cas de télépathie sans déperdition d'un hémisphère de la terre à l'autre. L'extériorisation de la motricité et de la sensibilité, découverte par de Rochas, explique bien des phénomènes spirites, par exemple que le médium voie au loin, dans l'obscurité et les yeux bandés, sente les piqûres faites au fantôme, se transporte au loin en pensée et même en corps, remue un objet à distance au moyen des appendices fluidiques de son double, et produise même un fantôme ou double de sa propre personne. Mais cette explication ne rend pas compte du développement de force bien supérieur à sa force propre, ni de la formation de fantômes absolument différents de lui-même, ni des faits de prophétie, de matérialisation et de dématérialisation.

Quant à l'explication, donnée surtout pour les médiums écrivains, que seul l'hémisphère cérébral droit est actif, le gauche restant inerte, elle ne s'applique qu'à ceux qui écrivent simultanément deux communications.

Il faut rappeler ici la simultanéité de multiples phénomènes dans les séances spirites. Un jour

qu'Eusapia était au summum de la trance, une
figure de femme apparaît à ma droite et en même
temps le rideau se gonfle au-dessus de moi, une
table remue dans le cabinet obscur et un objet est
porté sur la table du milieu. Dans une autre
séance, Barzini touche une main dans les cheveux
d'Eusapia, pendant que la partie gauche du rideau
s'avance au-dessus de la tête des contrôleurs et
que Bozzano se sent touché plusieurs fois aux
épaules. « Pendant qu'un fantôme me touche et
s'appuie contre mon dos, raconte Visani Scozzi, je
vois à la fenêtre la silhouette d'un autre, tandis
qu'un troisième touche Mainardi ». Une autre fois,
au moment où j'étais caressé par un fantôme, la
princesse Ruspoli se sent toucher la tête par une
main, et Imoda a la tête serrée par une autre
main.

J'ai vu maints médiums écrivant à la fois des
deux mains, tout en parlant à un tiers. Mansfeld
écrivait simultanément des deux mains en deux
langues différentes, tout en parlant d'autre chose
avec les assistants. Moser a entendu trois instruments, trompette, piano et tambourin, jouant
à la fois dans une même séance.

Comment expliquer que la force psychique du
médium puisse non seulement se transformer en
force motrice, mais encore agir simultanément
dans trois directions différentes ? Et, si cette mul-
tiple attention est impossible à un homme bien

éveillé et sain d'esprit, comment l'admettre chez
un médium en état d'automatisme ?

On constate d'ailleurs des faits contraires à la
volonté du médium et même à celle du soi-disant
esprit. Apprenant qu'à une séance chez le duc des
Abruzzes la table avait marqué par le mouvement
de ses quatre pieds le rythme de la marche royale,
je dis en plaisantant qu'à Turin la table et John
King étaient monarchistes. Je n'avais pas fini que
la table se met à protester par des mouvements,
expressifs même pour un profane en langage typtologique. Et comme je répète : « John, tu n'es donc
pas monarchiste ? », la table nie fortement par les
deux battements ordinaires. Croyant que l'idée
vient d'Eusapia, bien que le populaire de Naples
soit chaudement monarchiste, je l'interroge à ce
sujet et je m'assure que la pauvre femme ne se
soucie guère de politique, disant que le meilleur
gouvernement, à son avis, est celui qui s'occupe
le plus des pauvres. La manifestation monarchiste ci-dessus, loin donc de venir d'Eusapia
ou de John, était en opposition avec leurs sentiments.

Parfois le médium se refuse à dire un nom et la
table le révèle ; on réclame des lettres et l'on
obtient des chiffres qui ne disent rien, si l'esprit
n'en donne pas la clé. D'autres fois on obtient des
mots écrits à l'envers, l'orthographe est simplifiée
de la manière la plus curieuse, et les messages se

suivent si vite qu'on a peine à les comprendre. Souvent les esprits s'opposent aux désirs du médium. Aksakoff cite le cas d'un médium qui, désirant communiquer avec sa mère morte, reçoit typtologiquement ce message : « Je ne veux pas que tu t'occupes de spiritisme ». Un veuf, opérant avec d'intimes amis de sa femme morte, n'obtient aucune communication de celle-ci, tandis qu'il se met facilement en rapport avec d'autres défunts.

Bozzano propose un jour une nouvelle séance pour le lendemain à Eusapia. Elle refuse, se sentant fatiguée, mais John exige la séance. Stainton Moses, médium très religieux, obtient souvent par écriture automatique des communications athées et sataniques. « Mes écrits automatiques, dit-il, sont contraires à mes convictions ». Des médiums pieux écrivent inconsciemment des blasphèmes et des obscénités.

Un jour Eusapia dit à M. R. : « Un fantôme va venir pour toi », et elle tombe en trance. Apparaît alors une très belle femme. Comme on demande de la photographier, Eusapia et John y consentent; mais l'apparition refuse du geste et brise par deux fois la plaque photographique ainsi qu'une empreinte sur cire. Nous sûmes depuis qu'il s'agissait d'une femme vivante, mais endormie, amante de R., demeurant dans la même ville, et qui avait intérêt à ne pas laisser de traces de son identité. Dans les phénomènes spirites peut donc intervenir une volonté autre que celles du médium, de son esprit-guide et des assistants, et contraire à toutes celles-ci.

Aksakoff parle d'un médium à qui son esprit avait interdit viande, thé, café et tabac. Lorsqu'il voulait passer outre, l'esprit l'avertissait par des coups ou des mouvements de la table et même à haute voix. Voulant un jour fumer un cigare, il fut jeté à terre pendant la trance, tandis qu'un bout de cigare lui était mis de force dans la bouche. La santé du médium se rétablit par ces contraintes de son esprit-guide.

Lorsque le médium abuse de ses facultés aux dépens de sa santé, les esprits qui se servent de lui recourent parfois à des moyens violents pour le ramener à la raison. Aksakoff cite une veuve fatiguée par des séances trop fréquentes et que les esprits avaient plusieurs fois avertie de modérer son zèle. Comme elle ne voulait pas les écouter, ils lui suggèrent un jour de descendre à la cave et d'entrer dans un tonneau. Son frère, qui déjà la croyait folle, la trouvant dans cette position, est confirmé dans sa croyance et la fait enfermer dans une maison de santé. Et, comme elle se plaignait aux esprits du mauvais tour joué, ils lui répondent qu'ils l'ont fait pour son bien et pour rétablir sa santé morale et physique menacée.

Les faits qui précèdent pourraient à la rigueur s'expliquer par la volonté inconsciente des sujets

désirant ce qui leur est utile. Mais il y a des personnes que les esprits ont persécutées sans raison
aucune, ou bien pour les forcer au rôle de médiums.
Ainsi le Dr Dexter, sceptique en matière de spiritisme et répugnant à s'en occuper, y est contraint
par une série de persécutions. Chez Harry Phels,
jeune fils d'un pasteur protestant d'Amérique, on
voit soudain bouger chaises, tables, etc. ; ses habits
sont mis en lambeaux ; en quelques semaines,
soixante et onze objets se brisent près de lui ; en
promenade des pierres sont lancées sur sa voiture
par des mains invisibles, et ces phénomènes ne
cessent que lorsqu'il consent à communiquer avec
les esprits. Le fermier russe Schtchapov raconte,
dans le *Rébus* de 1886, les persécutions qu'il subit
pendant six mois avec toute sa famille. Elles commencent, comme à l'ordinaire, par des coups aux
murs et aux meubles, des déplacements d'objets,
etc. ; un globe lumineux surgit sous le lit de la
fermière et s'approche d'elle en augmentant de
grosseur. Les époux terrifiés vont habiter la ville
voisine; mais les persécutions continuent de plus
belle. Des objets sont lancés en l'air ; couteaux et
fourchettes sortent de leurs boites et se plantent
aux portes et aux murs ; un lourd canapé se lève
de terre et se met à danser ; des objets brûlent
spontanément, et un jour la femme de Schtchapov
se voit tout à coup entourée de flammes qui
consument ses habits sans la toucher elle-même.

Ces accidents ne peuvent venir de la volonté inconsciente du médium. Il s'agit certainement d'une force étrangère, étant donné qu'il chercherait à se défendre instinctivement contre ces ennuis. Il en est de même des premiers propagateurs involontaires du spiritisme en Amérique, les membres de la famille Fox, dont les révélations furent provoquées par des persécutions violentes, auxquelles ils cherchaient vainement à se soustraire.

Il est à remarquer que la trance spirite manifeste des énergies physiques et psychiques très différentes de celles du médium, parfois bien supérieures, et qui font supposer l'intervention d'une intelligence et d'une activité autres que la sienne, bien que transitoires.

Ainsi l'état de trance peut augmenter dans de grandes proportions la force physique d'Eusapia. Dans une séance à Turin, elle a pu soulever de terre une table portant l'éditeur Bocca et traîner un moment Bottazzi et sa chaise, soit 93 kilos. Le médium d'Ochorowicz passe, en trance, de sa force naturelle de 120 à 240 kil.

Il est déjà difficile d'expliquer ces phénomènes par la projection et la transformation des forces du médium. Que dire alors des cas où le médium s'enlève lui-même de terre avec sa chaise, sans pousser des pieds et sans point d'appui, parfois même contre la volonté des contrôleurs qui le tiennent?

Comment expliquer le cas de Home faisant le tour des fenêtres d'une maison, lévité même pendant son sommeil, et aussi le cas des deux Pansini, de Bari, parcourant 45 kilomètres en 15 minutes?

John a bien révélé à Ochorowicz qu'un fluide émané des mains du médium et des assistants soulève et soutient les corps, lesquels tombent si la chaîne est rompue. Mais qui assistait Home et les Pansini dans leurs lévitations?

Remarquons que les objets mus dans les séances ont une sorte d'orientation, comme s'ils étaient tenus par une main. On a même vu en pleine lumière cette main fluidique pincer la mandoline, battre du tambour, mettre en mouvement le métronome, et cette main était bien plus grande que celle d'Eusapia. La plupart des phénomènes ont toujours lieu dans le voisinage du médium, surtout à son côté gauche, où il est le plus fort, étant gaucher dans la trance. Ces phénomènes sont aussi accompagnés de mouvements synchroniques du médium. On voit souvent sortir de sa robe et de son dos en pleine lumière un corps fluidique lui servant de bras et mouvant les objets. Mais si le médium a une grande part, la plus grande même, dans les phénomènes, il n'en résulte pas qu'ils viennent exclusivement de lui. On ne peut davantage expliquer par son influence les manifestations où les lois ordinaires de gravité, cohésion, impénétrabilité de la matière, paraissent suspendues, ce qui n'est possible que dans un espace à quatre dimensions.

Et, pour l'intelligence, comment expliquer que le médium en trance devine l'avenir et voie ce qui se passe au loin? Eusapia, par exemple, est presque illettrée, déchiffre mal les imprimés et ne comprend pas les manuscrits. Or, à une séance à Turin, un jeune homme venant avec un bracelet en poche, elle devine qu'il lui est destiné, le lui enlève avec une main fluidique, à un mètre de ses mains de chair tenues par les contrôleurs, et se le passe au bras. Comme on lui demande si le jeune homme a autre chose en poche, elle répond : « Oui, une lettre contenant une demande ». On le trouve en effet porteur d'une lettre oubliée et non lue, où l'on demandait une entrevue avec Eusapia. Comment le médium illettré a-t-il pu lire dans l'obscurité? Comment, ignorant la sculpture, a-t-il pu improviser de très beaux moulages?

Et que dire de miss Edmonds qui, à une séance à New-York, annonce à Mme Evangelidès que son fils se mourait en Grèce, ce qui était exact, alors qu'elle le croyait bien portant?

Un jour, à Venise, un médium ignorant le latin écrit à l'improviste : *Sordidi sunt hic, peltenda sunt sordida.* On ne comprit ce dont il s'agissait que lorsque la table, dans son langage typtologique, annonça : « un tel a un livre ». La personne désignée avoua en effet avoir en poche le *Temple de Vénus*.

On sait qu'Eusapia ne sait pas se servir des instruments de précision, et cependant on l'a vue manier adroitement, en séance, interrupteurs électriques, sphygmographes, sthétoscopes et métronomes.

Et, tandis que le médium n'est souvent que simple récepteur de la pensée des assistants, alors qu'on le croit inventeur, il y a pourtant des cas où cette influence des assistants doit être rejetée. C'est ainsi que Büchner complimentant l'auteur américain du livre philosophique *Arcana of nature*, cet auteur, simple paysan, lui répond qu'il n'a fait qu'écrire sous la dictée d'un esprit. Nombre de communications soi-disant dictées par Galilée, Bruno, Kant, etc., ne sont pas indignes de ces grands hommes. Les trois chants en tercets que Dante aurait dictés au médium écrivain Scaramuzza, ignorant en poésie, sont très beaux à mon avis.

Barkas obtint de savantes réponses sur la science musicale, aucun musicien n'étant présent. L'esprit de Spencer Stattforde révéla le téléphone, trente ans avant son invention, à Mlle d'Espérance, ignorante en physique, à une séance où n'assistait aucun physicien.

Que dire de ce jeune Anglais se mettant à écrire

en chinois, et de la dame, citée par Richet, écrivant des pages entières de grec, dont elle ignore même l'alphabet?

Aux séances de Milan, Naples et Turin, John répondait de préférence en anglais, compris d'un seul assistant et ignoré d'Eusapia. Bottazzi obtint une communication en arabe, et à New-York miss Edmonds parla grec, hindou, polynésien, langues ignorées de tous les assistants. Comment le médium, employant ces langues pour la première fois, arrive-t-il à les comprendre, parler, écrire facilement?

Les observations de Stainton Moses sont importantes, par son autorité personnelle et la nature des faits. Communiquant avec un esprit qui dit se nommer Home, né en 1710, fils d'un maître de musique, ces particularités précises sont reconnues exactes. Priant l'esprit de reproduire les dernières lignes de la page 94 d'un livre de sa bibliothèque, dernier volume de la troisième rangée, dont il ignore le titre, ces lignes sont données exactement. Impossible d'expliquer ce fait par des traces, d'ailleurs inexistantes, demeurées dans l'inconscient du médium.

C'est, dira-t-on, de la vision à distance. Explication inadmissible dans le cas de miss Edmonds obtenant un message d'une nommée Debiel, inconnue de tous et morte depuis cinq ans.

Il ne peut guère y avoir influence de médiums

ou d'assistants dans les phénomènes des maisons *hantées*, où l'on voit se mouvoir à l'improviste chaises, tables, lits, puisque ces maisons sont d'ordinaire inhabitées et que ces faits s'y répètent parfois depuis des générations. On invoque bien une influence à distance de médiums sans le savoir, surtout de médiums enfants; mais l'aide d'autres êtres est nécessaire pour expliquer la grande force mécanique déployée dans ces phénomènes.

Le cas de miss Smith écrivant en sanscrit qu'elle ignore, mais dont elle a vu une seule fois une grammaire, peut s'expliquer par la cryptomnésie, souvenir inconscient d'anciennes perceptions, ou par l'ecmnésie, surexcitation de la mémoire. Hypothèse plausible, bien que n'expliquant pas tout, dans ce cas et dans le suivant.

Aksakoff écrit sur une feuille les lettres des alphabets russe et français et se sert d'une *planchette* dont les mouvements indiquent les lettres.

Après maintes phrases en français et en russe, on obtient en caractères français les mots : « emek habbacha ».

— Mais ces mots n'ont pas de sens; ce n'est pas du français, observe Aksakoff.

— Et qui vous dit que ce soit du français? c'est de l'hébreu, cela signifie « vallée de larmes »; l'auteur est Cardovy, savant juif portugais.

On vérifia les mots dans un dictionnaire hébraïque, et un dictionnaire biographique fit connaitre l'existence au xviie siècle, en Portugal, du savant juif Cardovy, dont un livre portait en épigraphe les mots hébreux ci-dessus.

Mais ni ecmnésie, ni cryptomnésie n'expliquent le fait suivant. En 1887, à Wilna, une institutrice suisse, Emma Stramm, reçoit de son frère Louis, mort depuis longtemps, la nouvelle par l'écriture automatique que son fiancé est mort le jour même. Elle en eut confirmation trois jours après par lettre. On ne peut parler ici ni de vision à distance, ni d'inconscient, ni de cryptomnésie.

AUTOMATISME ET PRÉCOCITÉ DES MÉDIUMS.

La plupart des gestes des médiums sont automatiques comme le prouve l'uniformité de leurs mouvements. Chez le médium écrivain l'automatisme est évident, car sa main écrit pendant que son esprit est occupé ailleurs. Il est probable que cet automatisme dépend d'un fait découvert depuis peu, à savoir que presque tous les phénomènes spirites viennent du côté gauche du médium, ou sont sentis à gauche, alors même qu'ils ont lieu à droite. On a remarqué aussi que la faculté d'être gaucher se transmet même aux contrôleurs du médium, comme on a pu le vérifier au dynamomètre. Dans la trance

14

spirite, comme dans l'état d'hypnose, prévaut le travail du côté droit du cerveau, celui qui participe le moins à l'activité consciente. D'où l'automatisme des actes accomplis en trance. Quelle âme anime cet automate, et comment concilier l'automatisme du médium avec ses activités multiples et ses productions artistiques ?

Il faut admettre ici l'hypothèse d'une intervention extérieure. Ce serait justement celle de l'esprit qui, impuissant par lui-même, devient capable d'agir en s'associant au corps vivant du médium. On a beau recourir à l'inconscient de ce dernier, quand il s'agit d'une langue ou d'un art que lui ou les assistants ignorent tout à fait, que devient le principe *Nihil est in intellectu quod prius non fuerit in sensu ?*

De même que l'automatisme, et comme preuve de ce dernier, il faut noter l'extraordinaire précocité de maints médiums agissant en très bas âge comme des adultes robustes et entraînés.

Attwood, de Waterford (New-York), encore au sein, faisait mouvoir tables, chaises etc., et obtenait même des communications typtologiques. Jencken donne des réponses par *raps* à deux mois, et il commence à écrire automatiquement à cinq mois. La nièce de la baronne Seymour Kirkups écrit à l'âge de neuf jours. A. Omerod donne des communications typtologiques quatre semaines après sa naissance.

Ces faits paraîtraient incroyables, s'ils n'étaient confirmés par d'autres faits historiques analogues observés chez les Camisards dont les enfants prêchaient excellemment, étant encore au sein. Vernet en entendit un de treize mois s'exprimer en un français très pur. Bonnemère et Figuier expliquent ces cas par l'exaltation religieuse ; mais celle-ci ne peut créer des facultés qui n'existent pas encore. Nous verrons que les rares médiums des maisons *hantées* sont presque toujours des enfants.

*
* *

Le médium peut donc expliquer partiellement, mais non pas totalement, les phénomènes spirites. Ils s'expliquent par la combinaison de la force du médium avec une autre force qui, bien que fragmentaire et passagère, acquiert momentanément, au moyen du médium, une grande puissance. La croyance de tous les temps et de tous les pays, confirmée par l'observation expérimentale, prouve l'action survivante des défunts. Davin attribue 60 p. 100 des phénomènes spirites aux esprits, seulement 16 p. 100 à l'autosuggestion du médium, et j'ajouterai à sa désintégration psychique momentanée dans l'état de trance, ce qui est aussi le cas de l'inspiration géniale et des phénomènes merveilleux du sommeil hypnotique.

Cette désintégration momentanée, qui explique l'automatisme des médiums, fait aussi comprendre que l'esprit des défunts puisse avoir accès chez eux et se servir de leurs organes. Ce fait, que nous essayons de mieux prouver plus loin, explique que le médium en trance manifeste parfois une force et une intelligence bien supérieures à celles qu'il possède normalement.

CHAPITRE VII

Expériences physiologiques sur les Médiums.

On ne peut bien étudier le grand problème spirite qu'au moyen d'instruments de précision empêchant les erreurs de jugement et les auto-suggestions.. Grâce à eux, d'ailleurs, on a obtenu la solution de grands problèmes scientifiques.

Poids. — L'étude physique la plus importante, peut-être, est celle du poids des médiums et des soi-disant esprits. Crookes a noté que la femme médium Cook perdait presque la moitié de son poids, dès l'apparition du fantôme, et qu'elle le récupérait en entier à sa disparition. Ce fait, d'ailleurs confirmé d'autres fois, montre que les fantômes se forment aux dépens du corps des médiums.

A une séance avec miss Fairlamb, le médium fut pour ainsi dire cousu dans un hamac, dont les points d'attache étaient pourvus d'un appareil permettant d'enregistrer les oscillations de son poids. Au bout de quelques minutes de trance, le poids diminua graduellement et, au moment de l'apparition du fantôme, on enregistra une perte de 60 livres dans le poids du médium, soit la moitié de son poids normal. Lorsque le fantôme se dématérialisa, le poids du médium se remit à augmenter et, à la fin de la séance, il ne lui manquait plus que 3 à 4 livres.

Marselli a noté chez Eusapia, après la trance, une diminution de plus de 2 kilos ; en dehors de la trance et en pleine lumière, une chute de 60 à 56 kilos, puis une montée de 56 à 60, et ainsi de suite à plusieurs reprises, sans qu'il fût possible de découvrir la moindre fraude.

A Milan en 1892, Eusapia, pesée à plusieurs reprises à peu de minutes d'intervalle, avec toutes les précautions nécessaires pour prévenir les fraudes, tombait de son poids normal de 62 kilos à 52 kilos. On demanda le phénomène contraire, et la balance monta au poids de 72 kilos.

D'Arsonval, à Paris, a mesuré de seconde en seconde les variations de poids d'Eusapia en trance, et il a constaté que, au moment de la lévitation de la table, le poids du médium s'augmentait de tout le poids de la table.

En d'autres expériences, au lieu des médiums, on pesa les fantômes. C'est ainsi que l'on constata, à une séance avec miss Wood, que le poids des fantômes se matérialisant sous son influence variait de 34 à 176 livres, ce dernier nombre représentant son poids normal. Ce fait concorde avec la disparition d'une partie ou de la totalité du corps de Mlle d'Espérance en trance, au moment de l'apparition du fantôme, et aussi avec la disparition du bras de Marthe à l'apparition du fantôme Beni Boà (Richet).

D'autres résultats intéressants ont été obtenus en étudiant l'altération du poids des corps soumis à l'influence des médiums. Crookes a constaté que le poids d'un corps soumis à l'influence de Home montait de 8 livres à 36 et 48, pour redescendre à 46, et une autre fois de 23 à 43 pour redescendre à 27.

Pour étudier ces variations dans le poids des corps sous l'influence des médiums, Crookes, et avant lui le docteur Hare, ont construit des appareils spéciaux et obtenu des résultats intéressants. Home par exemple, par simple imposition des doigts à distance, a fait baisser l'un des bras d'une balance en équilibre, et il a obtenu une autre fois, toujours à distance, une tension de 18 livres au dynamomètre.

Bechterew, de l'Université de Pétersbourg, a fait un appareil construit de façon à ce que la pression des mains de Home ne pût pas augmenter la tension d'un dynamomètre, lequel cependant marqua 150 livres au lieu de la normale 100.

Morselli a noté, à la fin d'une séance, une diminution de 6 kilos à droite et de 14 à gauche chez cinq assistants. Il a remarqué qu'Eusapia en trance est devenue droitière, de gauchère qu'elle était, et que lui-même est devenu momentanément gaucher sous son influence.

J'ai vu, il y a déjà longtemps, la force d'Eusapia monter de 36 kil. au dynamomètre à 42, en plein jour, avec l'aide d'un bras fluidique qu'elle disait appartenir à John. Maintenant qu'elle est malade de diabète et d'albuminurie, et épuisée par l'abus des séances, elle est descendue à 15 et même 12 kil. Elle a pu cependant développer, à une séance avec Morselli, une force capable de rompre une table et évaluable à une centaine de kilogrammes.

Crookes a noté que le nombre des pulsations cardiaques du fantôme Katie King différait de celui du médium. Richet a analysé l'émission d'acide carbonique dans la respiration du fantôme Beni Boà.

Mais les résultats les plus remarquables ont été obtenus ces dernières années, en appliquant à l'étude des phénomènes médianimiques les méthodes d'enregistrement graphique, dont l'importance est si grande dans les sciences expérimentales modernes.

Mettant dans le cabinet médianimique un cardiographe de Marey, communiquant, au moyen d'un tube traversant le rideau de ce cabinet, avec une plume placée au-dessus d'un cylindre noirci à la fumée, nous prions John d'appuyer sur le bouton du cardiographe. Peu de minutes après, nous entendons le bruit de la plume courant sur le cylindre, et nous obtenons deux groupes de courbes indiquant une grande fatigue et différant des tracés normaux, par leurs irrégularités et leur peu d'ampleur. Elles sont l'œuvre de John ou du double d'Eusapia, sûrement pas d'elle, car ses deux mains étaient tenues par les contrôleurs.

Bottazzi, entre autres expériences avec Eusapia, mit dans le cabinet un tambour récepteur de Marey et, au moyen d'un tube de caoutchouc, le fit communiquer avec un manomètre à mercure placé dans une (pièce voisine. On pria John d'appuyer sur le bouton du tambour, et le tracé obtenu donna deux groupes de lignes blanches, ascendantes et descendantes, de hauteurs inégales. Aux plus hautes correspondaient naturellement les pressions les plus fortes. Vu la façon dont le tout était disposé, il fallait qu'une main ou un pied invisibles eussent appuyé avec force sur la membrane du tambour récepteur.

Herlitzka, Foà et Agazzotti, en deux séances à Turin avec Eusapia, ont aussi obtenu des résultats intéressants, dont voici le résumé :

« Le cylindre mobile était en dehors du cabinet, bien en lumière, recouvert d'un voile, et éloigné d'Eusapia tenue par les contrôleurs. Un tracé y apparut cependant. Impossible d'admettre une participation même inconsciente de l'un de nous, car la surveillance portait sur les assistants autant que sur le médium.

Une petite table très solide se brisa en morceaux, sans contact avec le médium, et bien en vue de tous, sans que nul de nous la touchât. On ne peut admettre une intervention frauduleuse des mains ou des pieds du médium, dont tous les membres étaient contrôlés et que l'on surveillait par devant et par derrière. Pourtant l'effort nécessaire pour rompre la table exigeait logiquement des mouvements violents, amples et impossibles à dissimuler, de la part du médium.

Une plaque photographique, clouée au-dessous de la table, passa brusquement au-dessus de celle-ci, pendant que les assistants se tenaient debout et formaient la chaîne; tout le monde, y compris le médium, était pourtant éloigné de la table, bien visible de tous côtés.

Une plaque photographique, enveloppée dans du papier noir et placée au-dessus de la tête d'Eusapia, fut néanmoins impressionnée. Une fois développée, elle donna l'empreinte négative en noir de quatre doigts. C'est évidemment là un phénomène de radioactivité, et non pas de luminosité, car la plaque fut impressionnée à travers un milieu opaque.

RADIOACTIVITÉ.

Evidemment, à côté de l'action du médium, s'en manifeste une autre différente, que nous présumons être celle des défunts, qui se procurent, par leur fusion avec le médium, une énergie propre supérieure à la sienne. C'est ce que nous verrons mieux dans le chapitre suivant.

Rappelons ici les nombreux indices d'un état radio-actif des médiums, en présence des supposés défunts : Eusapia déchargeant un électroscope avec ses mains à une distance de 10 centimètres, ce qui est un phénomène de radioactivité ; l'empreinte de quatre doigts qu'elle laisse sur une plaque photographique recouverte de trois feuilles de papier noir ; les nébulosités phosphorescentes que l'on remarque au-dessus de sa tète et de la table d'expérience, de même qu'auprès d'autres médiums, et les nébulosités fluorescentes sortant du ventre de Mlle d'Espérance, à l'apparition des fantômes ; les lumières vues aux séances de Politi, Eusapia et Randone ; les lueurs en formes d'étoiles ou de globes, parfois de 60 à 70 centimètres de diamètre, sans chaleur, montant lentement, descendant et passant vite, lueurs bleues, vertes ou jaunâtres, répondant aux raps et se dirigeant avec des mouvements intentionnels, projetées et dirigées par le médium, comme avec un fil conducteur ; se manifestant aussi pendant des années en certains lieux, hors de toute influence de médiums, et ayant un parcours et un horaire toujours les mêmes, et vraiment intentionnels, comme à Berbenno et Quargnento.

Ajoutons aussi le cas de Stasie, dont le corps fantomatique est formé de globules lumineux et peut provoquer des éclairs autour de lui, et le fait de la reproduction dans l'obscurité des fantômes obtenus par le comte de Boullet et Reiners, avec le médium Firman, et récemment par Ochorowicz.

Autre fait troublant et significatif. Une plaque photographique, couverte de papier noir, placée par Herlitzka et Foà au-dessus de la tête du médium, devant le rideau du cabinet noir, afin de photographier un fantôme, est repoussée par une main formidable, laquelle l'impressionne et y laisse l'empreinte de quatre doigts. Comme cette main ne pouvait appartenir à aucun des assistants, ni au médium, il est évident qu'il peut se manifester dans les séances des volontés énergiques contraires aux volontés de ceux-ci. Ce fait étrange, atténué par les observateurs par pudeur scientifique, mais dont ils m'ont donné l'assurance, semble prouver que les radiations partent du corps incarné dont l'image s'est présentée la première. Il a pu impressionner la plaque, tout comme d'autres êtres semblables ont pu laisser sur paraffine, plâtre, etc., des empreintes sans analogie avec les formes du médium. Ces expériences, si je n'erre pas, nous rapprochent plus intimement des phénomènes spirites, et aussi de l'organisme dit spirite de ces représentants transitoires et en quelque sorte évanescents de la vie de l'au delà, que l'on nie encore par pudeur scientifique, bien que la croyance universelle en leur réalité soit confirmée par les faits innombrables qui se répètent sans cesse sous nos yeux. Il se trouve que ces corps semblent appartenir à cet autre état de la matière, l'état radiant, qui a désormais pris pied dans la science, offrant ainsi la seule hypothèse qui puisse concilier la croyance antique et universelle de la persistance de quelque phénomène de vie après la mort, avec les postulats scientifiques affirmant qu'il n'y a pas de fonction sans organe et pas d'activité sans perte de poids, et ceci se concilie avec les divers phénomènes des expériences spirites.

En effet, sauf les cas exceptionnels de Katie King à Londres et d'Eléonore à Barcelone, restant des jours entiers, des années même, au milieu des vivants, les fantômes présentent rarement une tête ou un corps entier. Ils ne montrent d'ordinaire que les mains, un bras, etc., sortant de quelque partie du médium ou du cabinet, et ils ont une tendance instinctive à rentrer dans ce dernier, tout comme à se cacher sous leurs voiles. Lorsqu'on les touche, ce n'est que rarement et pour peu de temps qu'on les sent solides; ils sont le plus souvent formés d'un corps fluide qui fuit sous notre main. On ne peut néanmoins les dire inexistants. Ils sont formés d'une matière très subtile, comme ces gaz dont nous nierions l'existence, si la chimie ne la

15.

confirmait. Évidemment ces êtres ne peuvent
acquérir une consistance complète et s'incarner
qu'en empruntant une partie de leur substance au
médium, qui est assoupi, presque agonisant au
moment de leur formation, et qui perd momentanément une partie de son poids et même de son
volume. Mais emprunter les forces et le corps du
médium ne veut pas dire s'identifier à lui.

Tout porte donc à croire que l'âme est une
matière radiante, sinon immortelle, du moins
pouvant durer des siècles, et tendant ses énergies
au point de rejoindre celles des vivants, en assi-
milant à sa matière propre la matière radiante qui
surabonde chez les médiums en trance, et en se
servant de leurs organes; et c'est ce qui expliquerait la grande puissance des médiums.

CHAPITRE VIII

Fantômes et Apparitions des Défunts.

Les savants officiels ont tendance à dissimuler et à nier les faits rebelles aux explications, tels que les influences si incroyables d'outre-tombe. Pourtant, malgré le risque de déconsidération, je n'hésite pas à répéter que les faits spirites ne s'expliquent guère qu'en admettant que les défunts conservent assez d'énergie pour accomplir, sous l'influence des médiums, plus que les médiums et les assistants ne pourraient faire seuls. Rappelons que les peuples primitifs, croyant aux mages et en fabriquant d'artificiels, sont persuadés que la grande puissance de ces mages vient surtout du conseil et de l'aide des esprits. Le pouvoir des esprits a été admis par tous les peuples antiques, comme nous le verrons. Il l'est encore par presque tous les peuples sauvages, et cette croyance, qui est sans doute le fondement de toutes les religions, présente une universalité et une uniformité qui sont, sinon une preuve certaine, du moins un signe important de vérité.

HYPOTHÈSE FLUIDIQUE.

Ceci n'est d'ailleurs pas contraire à la science positive, car il s'agit, non pas de purs esprits privés de matière, que notre imagination ne saurait concevoir, mais de corps où la matière est raréfiée au point de n'être visible et tangible que dans certaines circonstances, comme les corps radioactifs qui peuvent dégager chaleur et lumière sans perdre de leur poids. On a vu plus haut les nombreux signes de radioactivité que présentent médiums et fantômes. Lodge compare les matérialisations à ce qui se passe « chez le mollusque qui peut extraire de l'eau la matière de sa coquille, et chez l'animal qui peut assimiler la matière dont il se nourrit et la convertir en muscles, os, peau, plumes ». C'est ainsi que ces entités vivantes qui n'impressionnent pas nos sens dans les circonstances ordinaires, bien qu'elles soient en constant rapport avec notre univers psychique, et qui possèdent une espèce de corps éthéré (ou mieux, radiant), peuvent utiliser les molécules terrestres environnantes, pour s'en confectionner une espèce de structure matérielle capable de se manifester à nos sens.

L'immatérialité n'est qu'une fiction. Il s'agit, chez les esprits, tout au plus d'un degré atténué de consistance n'ayant plus d'effet sur nos sens.

L'éther qui remplit l'espace est substance, bien que non perceptible; l'air même, dont nous connaissons les éléments, le poids, la densité, n'est pas habituellement perçu par nous comme un corps.

C'est que la portée de nos sens est bien limitée, eu égard aux influences externes possibles. Les ondes sonores par exemple ne sont perçues qu'entre un maximum et un minimum du nombre des vibrations; au delà de ces limites, il n'existe plus pour nous ni sons, ni corps sonores. Il en est de même de la lumière, dont le champ infini nous échappe au delà du violet et du rouge.

Nous faisons dépendre des médiums tous les phénomènes spirites, parce que nous voyons les médiums et non pas les esprits.

FANTÔMES.

Ceci n'est cependant pas tout à fait vrai, car les esprits ont réussi à se faire voir des médiums, et même des personnes non médiums, dans les *matérialisations*, sous forme de fantômes ayant été photographiés et ayant vécu une vie terrestre momentanée.

Le cas de Katie King, observée pendant trois ans, 1882-84, par les plus grands savants anglais me paraît mettre hors de doute le phénomène contesté de la matérialisation.

Florence Cook se sentit tout à coup poussée à la médiumnité après avoir assisté chez une amie à une séance spirite, alors qu'elle n'avait pas encore quinze ans. La table d'expérience s'éleva en sa présence jusqu'au plafond, et des écrits directs et des raps révélèrent son extraordinaire faculté médianimique. Au bout de quelques séances commença à apparaître une grande et belle jeune fille, que tous les assistants purent voir et toucher. Dans le doute et pour éviter toute fraude, le médium fut attaché dans une niche, les membres entourés de fils électriques signalant ses moindres mouvements, et soumis au contrôle de Crookes, Gully, Wallace, Varley. Mais le fantôme n'en continua pas moins à se montrer pendant trois ans, souvent visible en même temps que le médium en trance. Il se disait fille de John King, jouait avec les enfants, parlait, écrivait, apparaissait tout formé en dehors du cabinet noir, se dématérialisait parfois en vue des spectateurs, se dissolvant en quelque sorte dans le plancher. Il était plus grand que le médium et lui ressemblait vaguement, malgré de grandes différences dans le teint du visage et la couleur des cheveux. Son cœur, ausculté par Crookes, présentait 75 pulsations, au lieu de 90 chez le médium. Le poumon de Katie semblait plus sain que celui de Florence souffrante de catarrhe.

Les apparitions de Yolande, sous l'influence de Mlle d'Espérance, durèrent plus longtemps encore,

et l'on put les photographier ensemble. Le
fantôme sortait d'un globe de vapeur lumineuse,
émanée du corps du médium, et il se matérialisait
aux dépens de ce dernier, dont les membres inférieurs disparaissaient au moment de l'apparition.
Yolande fit l'effet d'une fille à demi sauvage, inin-
telligente, mais très curieuse ; elle ne témoigna
d'affection à personne, tout en jouant avec les
enfants de Fioller par habitude ; en dix ans elle
apprit à peine quelques lettres de l'alphabet, parut
avide de louanges et sut vite l'usage des bijoux.
Son corps semblait si charnellement féminin que
quelqu'un la prit pour une femme véritable et
voulut lui porter offense, au grand dommage du
médium, qui en fit une maladie presque mor-
telle.

Marata, avec le médium Carmen Dominguez,
obtint dès la quatrième séance, à Barcelone, l'apparition d'Eléonore, fantôme complètement matérialisé, qui salua les assistants d'une voix un peu voilée et resta un jour près d'une heure, montrant
une intelligence supérieure. Elle s'assit plusieurs
fois sur une chaise, donna la main à diverses personnes, laissa toucher ses cheveux noirs, ainsi que
ses vêtements blancs, qui paraissaient de tulle très
fin aux reflets lumineux.

Estelle Marthe apparut à son mari Livermore
cinq années de suite, pendant des heures entières,
en 388 séances avec le médium Kate Fox, d'abord

dans l'obscurité complète. Sa matérialisation fut graduelle et ne devint parfaite qu'à la quatrième séance; elle put enfin supporter la lumière et être photographiée. Elle parlait peu, se communiquait plutôt par écrits, avec le style et l'écriture qu'elle avait de son vivant, souvent en langue française que le médium ignorait et pendant que ce dernier avait les mains bien contrôlées. En 1866 le fantôme cessa d'apparaître matérialisé, mais continua à se communiquer par messages et photographies transcendantes.

J'ai raconté plus haut les multiples apparitions de ma mère, sous l'influence d'Eusapia.

Richet a obtenu, dans vingt séances successives, chez le général Noël à Alger, l'apparition de Beni Boà, fantôme casqué et enturbanné, et il a pu percevoir le bruit de ses pas, sa chaleur, sa respiration, palper les os de ses mains, et même entendre sa voix. Ayant prié Beni Boà de souffler dans un tube dont l'extrémité plongeait dans une solution de baryte, la respiration du fantôme provoqua le blanchiment du liquide, ce qui prouvait qu'il avait expiré de l'acide carbonique comme un vivant. Le plus curieux c'est que, entendant les applaudissements qui saluaient la réussite de l'expérience, il ressortit du cabinet pour remercier en s'inclinant de façon comique, croyant qu'ils lui étaient adressés. Vanité qui se continue même dans l'au delà. A une séance, à peine Beni Boà

était-il rentré dans le cabinet, qu'on vit se former
entre le rideau et la table une boule blanche et
lumineuse roulant sur le sol. Beni Boà en sortit
comme d'une trappe, pour disparaître peu après
avec un bruit de *clic-clac*. Le même phénomène se
renouvela plusieurs fois à cette séance et à d'autres. Il est bien difficile d'attribuer à la fraude la
formation de cette boule d'où sort un être vivant.
Une autre fois Beni Boà apparut grandi au point
d'être obligé de se courber pour sortir de l'ouverture du rideau.

Ces séances eurent lieu dans un kiosque séparé
de toute habitation, et devant sept personnes de la
famille Noël, dont Marthe, médium de dix-neuf ans,
femme du fils du général, et la servante Aïscha,
négresse probablement médium. Ces apparitions
furent photographiées à plusieurs reprises, simultanément par plusieurs témoins, à la lumière du
magnésium, avec un stéréoscope-vérascope Ri-
chard, et les épreuves en furent développées par
des photographes ignorant ce dont il s'agissait,
précautions qui excluent toute fraude.

Certes il y a des lacunes dans ce fantôme dont
certaines parties ne sont pas toujours nettes et
bien formées. Mais, comme il ne s'agit pas d'êtres
vivants et complets, les lacunes sont la règle et
non pas l'exception. Dans ces différentes photographies, la stature de Beni Boà varie beaucoup,
est tantôt grande, tantôt petite, mais la stéréos-

copie enlève toute possibilité de fraude. D'ailleurs le médium Marthe est d'une honnêteté absolue. Supposer qu'elle ait pu apporter le casque, le turban, le manteau, qui avant la séance n'étaient pas dans le cabinet et en ont disparu ensuite, est ridicule, d'autant que ses vêtements n'auraient pu couvrir le corps volumineux du fantôme. Ajoutons que Beni Boà semblait vivant, marchait et parlait, qu'il n'y avait pas de cavités dans le sol pour le cacher, et que le cabinet médianimique et le kiosque avaient été soigneusement visités avant et après la séance.

Tout ceci montre que quelques-uns au moins des fantômes apparaissent, non pas fragmentaires et pour quelques instants, mais avec leur corps entier et pendant des années, de façon qu'on puisse noter leur poids, leur température, leurs pulsations, analyser l'air qu'ils expirent et étudier leur caractère, doux et charitable chez Katie King, vaniteux et bavard chez Walter et Finoit. génial et ambitieux chez Pelham, fruste chez Yolande. Ajoutons que deux d'entre eux ont pu être photographiés en même temps que leur médium.

*
* *

D'ailleurs, si les fantômes complets sont assez rares, les apparitions fragmentaires, mais bien plus fréquentes, de mains, bras, visages, n'en sont pas moins de même nature. Lors même qu'on n'en verrait jamais, on aurait pourtant la preuve de leur présence et de leur action dans les mouvements et les actes intelligents, parfois artistiques, qui ont lieu au delà de la sphère d'extériorisation du médium et sont au-dessus de sa compétence.

Flammarion a beau dire que rien d'intéressant, ni de supérieur au niveau des assistants, n'a été révélé par les médiums et les esprits, on ne s'explique pas que, aux séances où n'assiste aucun sculpteur et où le médium est incapable d'un travail artistique, on puisse obtenir de merveilleuses sculptures que les artistes ne pourraient achever si vite, et des peintures parfois très belles. Et d'où vient la prédiction de faits absolument imprévisibles et cependant vérifiés ?

On en peut dire autant des séries de mouvements qui supposent une main habile, comme faire jouer mandoline, violon, piano fermé.

On comprend mal qu'Eusapia puisse, même en extériorisant sa motricité, arriver à des résultats qui, à l'état de veille, lui seraient impossibles avec sa main de femme, si habile qu'on la suppose. On comprend au contraire que cela soit possible aux formes fluidiques animées par le corps vivant du médium, et qu'un esprit plus ou moins éclairé, s'unissant au corps d'Eusapia, puisse donner lieu à des énergies et à des actes dont seule elle serait incapable, tout comme le spermatozoïde, stérile par lui-même, devient fécond au contact d'un ovule.

Les apparitions de fantômes, étudiées dans le beau livre *Fantasm of the Living*, de Gurney, Myers et Podmore, prouvent par leur nombre même leur réalité. Sur 5.705 personnes soumises à leur enquête, 96 ont eu des hallucinations véridiques de fantômes, 44 de personnes mortes depuis des années, 13 de morts récents, 23 des hallucinations visuelles de vivants endormis ou malades, et 150 environ de personnes mortes dans les douze heures.

Comme ces nombres dépassent de beaucoup la probabilité accidentelle, que la plupart de ces apparitions n'ont pas été prévues, qu'un bon nombre, 93, ont été vues par plusieurs personnes à la fois et en différents lieux, que beaucoup ont été à la fois visuelles, auditives et tactiles, il faut admettre l'influence du mourant, ou de la personne morte depuis peu, sur le fantôme passager qui presque toujours n'apparaît qu'une fois.

Ces fantômes ayant été souvent perçus par des animaux domestiques, il faut admettre qu'ils n'existent pas seulement dans l'imagination surexcitée. Samuel Johnson cite le cas de chevaux se cabrant lorsque leur cavalier voit un fantôme. Un fantôme a été vu en l'air par deux adolescentes de treize ans et par un cheval, qui frissonna et refusa d'avancer. Zecchini avait un petit chien qui sortait de sa niche, sautillait et aboyait de joie, lorsqu'on évoquait l'esprit du jeune Émile, avec qui il jouait de son vivant.

Il semble donc que la force médianimique s'allie à une autre transitoire, qui serait celle des défunts, dont la survie paraît prouvée par la tradition de tous temps et de tous pays, et par l'observation expérimentale.

J'ajoute que nombre d'apparitions ont un caractère historique.

Le feld-maréchal de Grumbkow se trouvait malade à Crossen-sur-l'Oder, où il était venu saluer le roi Frédéric-Auguste, lequel était ensuite reparti pour la Pologne. Un jour il entend soudain du bruit dans sa chambre et, dans la pénombre des persiennes closes, il voit ledit roi s'approcher de son lit et le toucher, en lui disant : *Je viens de mourir à Varsovie.* Au bout de trois jours arrivait la confirmation de la mort du souverain, survenue à l'heure même et au jour où le maréchal avait vu et entendu le fantôme.

Pétrarque vit lui apparaître en rêve l'évêque Colonna, alors à la tête d'un diocèse de Gascogne. Ayant pris note de cette vision et de ses détails, il en fit le récit à ses amis. Vingt-cinq jours après, il eut la nouvelle officielle de la mort de l'évêque et il remarqua qu'elle avait eu lieu à l'heure et au jour notés.

L'abbé de Saint-Pierre, dans ses *Discours pour*

expliquer la cause de quelques apparitions, raconte
la vision qu'eut un certain Bézuel, vision dont les
détails sont confirmés par enquète. En 1876,
Bézuel, alors âgé de quinze ans, s'était pris
d'amitié pour le fils du procureur Desfontaines,
et les deux jeunes gens s'étaient mutuellement promis que le premier d'entre eux qui mourrait viendrait l'annoncer à l'autre. Un an s'était passé
depuis cette promesse funèbre, et il y avait près
de sept semaines que Bézuel n'avait plus de nouvelles de son ami établi à Caen, lorsqu'un jour
qu'il se trouvait dans un grenier à fourrage, il se
sent pris d'étourdissement et s'évanouit. Revenu à
lui, il se met à descendre l'escalier, quand il aperçoit Desfontaines au pied des marches. Le fantôme
lui prend le bras droit, le conduit à l'écart et lui
dit : « Je me suis noyé dans la rivière de Caen
avant-hier à quatre heures », et il ajoute divers
autres détails. Toutes les circonstances racontées
par le mort furent reconnues exactes, après
enquète de Bezuel, qui eut encore par la suite
d'autres apparitions de son ami.

CHAPITRE IX

Photographies transcendantes.

La confirmation de l'existence des fantômes, la preuve absolue qu'ils ne sont pas une hallucination subjective, nous seraient données par les photographies dites spirites, si quelques-unes n'étaient pas mises en doute. En voici l'histoire et la légende.

Vers 1861, Mumler, graveur de la maison Bigelow, Bros et Kermand, faisant de la photographie à ses heures de loisir, vit un jour apparaître sur une de ses épreuves une figure étrangère au groupe qu'il avait photographié. Il en conclut qu'une plaque déjà impressionnée était mêlée aux plaques neuves. Mais la seconde épreuve donna le même résultat.

Il s'agissait donc de la première photographie spirite ou transcendante. Le bruit s'en répandit vite, et bientôt le pauvre amateur fut assiégé de demandes. Pour les satisfaire, il dut consacrer deux heures par jour à cette nouvelle industrie, puis, la clientèle devenant plus nombreuse, renoncer à son métier de graveur. D'importants personnages défilèrent incognito devant l'objectif de Mumler, qui, dit-on, acceptait toutes les conditions de contrôle exigées. Les figures apparues étaient celles dont le souvenir préoccupait la personne qui posait.

Le grand photographe de Boston, M. Black, l'inventeur des bains au nitrate, fit une enquête sur la méthode de Mumler. Il examina avec soin objectifs, plaques, récipients et bains, et obtint lui aussi des photographies de fantômes. Mumler, de plus en plus encouragé à prouver ses résultats, ouvrit un cabinet à New-York et continua à opérer avec le même succès, sous le contrôle d'autres photographes de la ville. Il n'en fut pas moins arrêté un jour, sous l'accusation de sorcellerie et de fraude. Dans son procès retentissant, il fut sauvé par de nombreux témoignages favorables et remis en liberté. Mais le doute subsista.

Citons encore les expériences de John Beattie de Cleafton, honnête homme, incapable de fraude et habile photographe, qui voulut s'entourer d'un contrôle certain et opéra avec un bon médium, Butland. Ce dernier indiquait pendant la pose la forme des apparitions, que la plaque reproduisait ensuite, bien qu'elles fussent invisibles à l'œil humain. Remarquons la rapidité de formation de ces images sur les plaques, rapidité bien supérieure à celle du développement des images normales.

Nous avons donc ici les produits d'une certaine matière, invisible à nos yeux, et impressionnant la plaque par des radiations auxquelles notre rétine est insensible, radiations douées d'une telle énergie photométrique que les impressions par elles produites apparaissent avant les autres images, dont le développement demande plus de temps.

Beattie fut également suspecté. Mais dès expériences semblables furent tentées avec le même succès par Guppy, Parkes, Reeves, Russel, Slater, Williams, en Angleterre, Reimers en Allemagne, Damiani en Italie. Wagner obtint en Russie, avec Slater, le portrait de sa sœur placée entre deux figures fantômatiques, dont l'une était indubitablement lord Brougham, mort peu auparavant. Dans l'autre, Slater reconnut Robert Owen, son intime ami, qui lui avait promis, avant de mourir, de lui apparaître, s'il existait un autre monde.

L'éditeur Dow, de Boston, avait parmi ses employées une jeune fille qu'il aimait beaucoup et qui mourut à vingt-sept ans. Sept jours après cette mort un médium lui dit qu'une jeune fille voulait le voir et lui donner des roses. Plus tard, à Saratoga, Dow fit la connaissance d'un autre médium, Slade, qui dès la première séance écrivit automatiquement sur l'ardoise : « Je suis toujours avec vous », communication suivie de la signature de la morte.

« De retour à Boston, écrit Dow, je me présente au médium Hardy et, avec son concours, j'obtiens l'apparition de mon amie, qui dit m'avoir donné une preuve de son identité à Saratoga. Elle ajoute

qu'elle est toujours près de moi, puis me suggère
d'aller chez le photographe Mumler. J'obéis, on
fait deux poses infructueuses, mais une troisième,
Mme Mumler étant en trance, reproduit mon
amie, la main appuyée sur mon épaule et la tête
couronnée de fleurs ». A noter que M. Dow était
sceptique en matière spirite et doutait des photographies de Mumler. C'est pour ces raisons que
j'ai choisi cet exemple, entre autres très nombreux
que j'aurais pu citer de Mumler.

Hartmann, de Cincinnati, également accusé de
fraudes, obtint des résultats aussi probants devant
une commission de ses adversaires surveillant ses
expériences.

Au milieu de tant d'incertitudes, ce qui parle le
plus en faveur des photographies spirites, c'est que,
loin de cesser après les procès retentissants inten-
tés aux photographes, elles ont continué à se
répandre de plus en plus.

Carreras a mentionné récemment les curieuses
photographies de ce genre obtenues par les frères
Randone, médiums très honnêtes et non payés.

Le 18 mars 1901 au matin, Philippe Randone se
sent irrésistiblement poussé à faire un essai de
photographie spirite, avec sa sœur pour médium.
Il dispose deux chaises voisines, l'une pour sa sœur,
l'autre pour l'esprit qui pourrait se matérialiser.
Dès que le médium est tombé en trance, on voit
se former autour de lui des flocons de vapeur

cotonneuse, laquelle se condense rapidement en une
nuée blanche et forme une figure blanchâtre aux
cheveux noirs, à demi étendue à côté du médium,
qui dort en gémissant, comme c'est le cas dans
l'état de trance. Philippe Randone prend alors une
épreuve, avec une pose de trente secondes, au bout
desquelles le fantôme disparait. On développe la
plaque, où l'on distingue à côté du médium l'image
d'une jeune fille de dix-sept à dix-huit ans, vêtue
de blanc, aux cheveux longs et noirs. Personne de
l'assistance ne la connaissait, mais, par des communications successives obtenues par la sœur de
Randone, l'apparition fit savoir qu'elle était jeune
et belle de son vivant, que ses parents étaient
riches et habitaient un château à Ar.., qu'on l'appelait Bebella, qu'elle était morte en 1889, qu'après
trois jours d'exposition publique on l'avait enterrée
dans une chapelle sur une hauteur au milieu d'un
bois, etc. Par ces détails, narrés dans un style un
peu puéril et avec la confusion d'idées qui caractérise nombre de communications, on put savoir
que le prince M:... avait réellement perdu à Ar...
en 1889, de scarlatine compliquée de néphrite,
une fille de dix-sept ans, appelée familièrement
Bebella pour Isabelle, et répondant presque exactement au portrait obtenu, ainsi qu'aux détails
donnés par ses communications. Le même fantôme
revint à d'autres séances, fit des apports et put être
encore photographié.

Tummolo, à Rome avec le médium Politi, a pu obtenir la photographie de sa fillette morte depuis quelques années. Pour éviter tout soupçon de fraude, il acheta lui-même la plaque d'expérience et la marqua d'un signe.

Plus intéressants encore, par l'autorité des expérimentateurs, sont les résultats obtenus par Stead et Ochorowicz. Stead avoue qu'il est facile de truquer en photographie. Aussi s'est-il servi de plaques marquées à l'avance et développées par lui-même. Elles reproduisent, et c'est là la meilleure garantie, les portraits parfaitement authentiques et reconnaissables de défunts inconnus de lui et de ses aides. « J'ai obtenu, dit-il, nombre de photographies semblables, mais je me borne à un cas bien frappant. Le photographe à qui sa médiumnité permet de photographier l'invisible est vieux et sans instruction, clairvoyant et clairaudient. A l'époque de la guerre boer je lui demandai une séance. A peine étais-je assis qu'il me dit: « L'autre jour, j'ai eu une surprise. Un vieux Boer m'est apparu, armé d'un fusil, et son regard farouche m'a effrayé. Le voici encore, il vient d'entrer avec vous ; il est désarmé et son regard semble plus rassurant.

— Pourriez-vous le photographier, dis-je, et lui demander son nom ?

— Il me dit s'appeler Piet Botha.

— Piet Botha, objectai-je avec un geste de doute,

je connais un Philippe, un Louis, un Chrétien et bien
d'autres Botha, mais je n'ai jamais entendu parler
de ce Piet.

— Il affirme que tel est bien son nom, dit le
photographe.

Sur la plaque développée je pus distinguer une
figure hirsute et barbue, appuyée contre mes
épaules. Je ne dis rien et attendis la fin de la guerre.
A l'arrivée du général Botha à Londres, je lui fis
remettre la photographie par M. Fischer, ministre
de l'Etat d'Orange. Le lendemain, je recevais la
visite d'un autre délégué boer, M. Wessels, qui me
dit être très étonné de voir entre mes mains cette
photographie d'un sien parent, Pétrus Botha,
appelé familièrement Piet, le premier commandant
boer tué au siège de Kimberley. La photographie
fut également identifiée par d'autres délégués qui
avaient connu Piet Botha. Ce fait est inexplicable
par la télépathie et personne en Angleterre ne
connaissait Piet Botha ».

*
* *

Ochorowicz a obtenu la photographie de l'esprit-
guide de son médium. Il m'a écrit lui-même : « Je
vous envoie la photographie de la petite Stasie,
prise le 6 avril 1909, dans une chambre tout à fait
obscure et vide, voisine de celle où je me tenais avec
le médium Tomaczyk, de Vesme et Manuel assis-

tant à la séance. Nous avons constaté une douzaine
d'éclairs médianimiques en différents points de
la chambre, et assez près du médium, dont les
mains étaient bien tenues. Leur lumière n'éclai-
rait que le fantôme et la chaise où il était assis.
Nous l'avons photographié à un demi-mètre avec
un appareil Sutar et des plaques Lumière. »

Dans les dernières *Annales des sciences psychiques* Ochorowicz donne plus de détails. « Par
l'intermédiaire de mon médium T..., nous reçûmes
de son esprit-guide Stasie l'avis typtologique
suivant : « Je veux me photographier, préparez
« les appareils, disposez-les au milieu de la
« chambre, pas besoin de magnésium ni même
« de médium ». Le lendemain nous faisons nos
préparatifs, et après dîner Stasie s'annonce par
des raps et répète typtologiquement : « Je veux
« me photographier, mettez l'appareil sur la table,
« près de la fenêtre, réglez-le pour la distance d'un
« demi-mètre, mettez devant la table une chaise
« et donnez-moi quelque chose pour me couvrir ».
Nous étendons une serviette sur le dossier de la
chaise où le fantôme devait s'asseoir, j'ouvre
l'obturateur et je rejoins le médium dans la
chambre à côté, fermant la porte derrière moi.
Nous attendons assis, sans trop compter sur le
succès, quand tout à coup le médium aperçoit un
éclair à travers une fissure de la porte et obtient
le message typtologique suivant : « C'est fait,

développez la plaque ». J'obéis et j'obtiens la figure de Stasie, dont le buste incomplètement matérialisé est recouvert par la serviette. Celle-ci, posée auparavant sur la chaise, était maintenant sur la table. Or, personne n'étant entré dans la chambre, qui avait pu changer la serviette de place, et d'où était venu l'éclair ayant permis la photographie? Stasie, à qui l'on demanda ces renseignements, répondit qu'elle s'était assise en face de l'objectif, qu'elle avait réussi à se matérialiser le visage et un peu les cheveux, que sa figure n'était qu'un amas des globules de vapeur lumineuse dont elle était formée, qu'elle avait provoqué l'éclair, etc. »

Une nombreuse série de photographies spirites a été obtenue ces deux dernières années par le Dr Imoda, aidé du médium Lina G..., sous le contrôle des Drs Marzocchi et Audenino. Le médium avait pour guide l'esprit Vincent, dont il est parlé dans le chapitre *Identité*. Cet esprit montra au début le caractère brutal et cynique qu'il avait de son vivant, et il provoqua des phénomènes désordonnés, chute d'objets lourds, ruptures de meubles et d'instruments scientifiques, et même coups aux personnes. Par la suite il s'humanisa un peu dans ses actes et son langage, conservant son individualité bien marquée. Il promit avec du temps et de la patience des photographies de mains et de figures médianimiques, et il tint sa promesse au bout d'un an. D'abord il laissa voir son image à peine perceptible, puis une main entourant comme un collier la tête du médium, plus tard un chrysanthème sur la tête d'un contrôleur, puis encore des mains. Au bout de trois mois de ces apparitions incomplètes, apparut, selon sa promesse, la face voilée et sans tronc d'une jeune femme se disant amie de Vincent, puis une jolie figure d'enfant. de quatre ans, que Vincent dit être la fille de la précédente. Dans les séances suivantes, on obtint une belle et nette figure de femme se disant rivale de la précédente, ainsi que d'autres images jolies et fraîches, presque vivantes; en tout trois femmes et trois enfants, aux troncs et aux membres inférieurs à peine formés, drapés de voiles médianimiques cachant le corps, ou plutôt en masquant l'absence. A noter que dans ces photographies les figures ne donnent d'ombre que lorsqu'elles ont un voile. Bien que leur authenticité soit certaine, puisque nous les avons développées sous nos yeux, l'absence d'ombre les fait ressembler à des portraits retouchés. Ce ne sont sûrement pas des peintures directes du médium qui ignore le dessin; il ne peut les apporter en cachette puisqu'on le visite avant et après les séances. Ce seraient plutôt des apports spirites.

Combien doivent paraître fictives aux profanes ces images manquant d'une partie du corps et ressemblant à des paquets ou à des fantoches raides plantés sur des bâtons! Mais nous certifions les avoir vues dans une maison privée, où nous avions préparé nous-mêmes le cabinet médianimique, et où personne ne pouvait être soupçonné de fraude.

Nous avons vu plus haut le tronc et le buste de Stasie presque complets sur la photographie, et pourtant Ochorowicz a pu constater qu'ils étaient formés de papier et d'étoffe qui se trouvaient dans la chambre. De même que nous humanisons les instincts de l'animal, de même nous prêtons la personne complète d'un être vivant à ces fantômes presque toujours fragmentaires et incomplets, qui s'affublent à la diable de leur voile médianimique et des objets à leur portée, afin de prendre une forme plus accessible à nos yeux, lorsqu'ils n'ont pas l'aspect de lueurs errantes, qui sont peut-être leur forme la plus ordinaire.

D'après les derniers travaux de Taylor et de de Rochas, les photographies spirites doivent se classer en six espèces :

1° Portraits d'entités spirites invisibles dans les conditions normales.

2° Fleurs, couronnes, lumières, images étrangères à la pensée du médium ou de l'opérateur au moment de l'impression.

3° Sujets qui semblent être la reproduction de statues, peintures ou dessins. Ces images, attri-

buées parfois à tort à des trucs grossiers, ne sont
d'ordinaire que la reproduction d'images mentales
plus ou moins conscientes chez le médium, ou bien
des signes volontaires donnés par des intelligences
étrangères de l'espace.

4° Images de formes matérialisées visibles à
tous les assistants.

5° Reproduction du corps astral ou double de
personnes vivantes.

6° Épreuves où il semble que le développement
n'ait rien fait apparaître, mais où le médium ou
tout autre clairvoyant distinguent des images bien
indépendantes de la personnalité de l'observateur.

Du même ordre que la formation des images
est, ce me semble, l'exécution de sculptures parfaites par des médiums ignorants de l'art, et par
suite n'en pouvant pas être les vrais auteurs (voir
plus haut les sculptures obtenues avec Eusapia).

Denton, en 1875, avec le médium Hardy, a
obtenu sur paraffine des empreintes de mains et
de pieds, le médium se tenant à 60 centimètres de
distance. Il a même pu réussir l'expérience avec
de la paraffine enfermée dans une caisse bien close,
recouverte de maillons de fer et d'une toile par-
dessus le tout. Au bout de quarante minutes on
entendit des coups pour ainsi dire animés qui
annonçaient la réussite. Dès qu'on eut ouvert les
différentes enveloppes, l'on trouva la forme complète d'une grande main. Le sculpteur O'Brien

n'hésite pas à dire qu'à peine un sur cent d'artistes exercés serait capable de modeler une main semblable avec sa finesse de détails.

On a renouvelé cette expérience en 1876 avec Reiners, en enfermant le médium dans un sac de toile lui couvrant la tête et les mains. Les doigts de l'empreinte obtenue sur paraffine ont un centimètre de moins de long et deux de moins de tour que ceux du médium.

CHAPITRE X

Identification des Fantômes

Les photographies spirites ne sont pas seules à prouver que les communications typtologiques et les apparitions sont plus qu'une illusion imaginative des médiums ou des assistants.

NOMS.

Morselli affirme qu'on ignore les noms des esprits qui se sont révélés jusqu'ici. Ce serait là une grave objection contre la réalité des fantômes. Mais nous pouvons répondre que le plus important de ces derniers, Pelham, a vécu sous le nom de Pelhev, que Katie King a été de son vivant miss Owen Morgan. Et, s'il est vrai que nombre d'esprits n'ont voulu se faire connaître que sous des pseudonymes, il est également vrai que d'autres ont révélé leurs vrais noms dans l'intimité, comme Imperator l'a fait à Stainton Moses.

Dans le livre de Joire, *Les Phénomènes psychiques*, je trouve une longue série d'esprits ayant donné, aux séances typtologiques de la Société des études psychiques de Nancy, leurs noms et des preuves de leur identité, confirmées 19 fois sur 20.

Tels par exemple Garcia Moreno révélant l'unique parole par lui prononcée au moment de son assassinat par Rayo; Henri-Charles Montagne mort en Annam; Nhatrant, qui déclare avoir été tué par un tigre, cite le témoignage de Daniel Richer, lequel confirme la date et les détails donnés typtologiquement. Maurice Bauss, tisseur à Viry, dit qu'il est mort à vingt ans dans la neige en 1877, à Gerpipol, fait confirmé par le maire de cette ville. Impossible ici d'admettre la cryptomnésie, puisque personne des assistants n'était né en 1877. Mme Duchen se dit morte à soixante-dix-huit ans, à Vendrette, dont le maire confirme le fait.

Citons aussi Jean de Boutoris, qui se dit contemporain de la Régence, ami du cardinal Dubois, natif de Montauban, où il a encore des parents, ce qui fut vérifié; Sixnome de Lévis, qui parle de sa famille de Perpignan, nomme la rue où elle habite, faits confirmés par la suite.

COINCIDENCES.

Elles viennent en grand nombre prouver la réalité des apparitions et empêcher tout soupçon de suggestion, comme le montre Laurent dans lès *Annales des sciences psychiques*, 20-21, 1900.

Sur six cent soixante-six apparitions notées par Gurney, vingt ont été vues simultanément par d'autres personnes que lui. Dans neuf cas, l'apparition présentait des particularités, costume nouveau, blessure. etc., dont l'existence était ignorée. Mᵐᵉ March m'a raconté qu'elle a vu, dans sa villa des environs de Sienne, le fantôme du prof. Bar. lui apparaître la figure moitié barbue, moitié imberbe, ce qu'elle n'avait jamais remarqué de son vivant. J'ai su depuis qu'il présentait en effet cette anomalie, qu'il dissimulait en se rasant tous les jours, fait ignoré de Mᵐᵉ March.

Certes, dans le dédale des trucs, des confusions, des erreurs de langage, souvent involontaires, comme nous le verrons, de la part des fantômes, il est difficile de fixer leur identité et d'établir la part de l'inconscient des médiums et des assistants. Mais il y a des cas où l'on y a réussi avec le contrôle de vivants présents ou lointains.

C'est le cas des communications de Pelham. Cet Américain de grande famille avait d'abord étudié le droit pour se vouer ensuite à la littérature et à la philosophie, sur laquelle il a écrit de beaux livres. Il s'intéressait fort aux études psychiques et soutenait, particulièrement avec Hodgson, de vives discussions sur la survie qu'il niait, promettant toutefois de faire son possible pour se communiquer après sa mort. Il mourut jeune d'une chute de cheval, en février 1892, et dès le 12 mars il se communiqua par l'écriture automatique à Mme Piper; puissant médium qu'il fréquentait de son vivant.

De nombreuses séances eurent lieu sous son influence, et il prouva son identité à nombre d'assistants en leur donnant des détails relatifs à leur passé et à leurs rapports avec lui de son vivant. Entre autres faits probants, il reconnut des boutons de chemise dont il avait fait autrefois cadeau à John Hart; il demanda à miss Eveline des nouvelles d'un livre qu'il lui avait donné avec une dédicace; à une personne présentant une photographie, il dit: « C'est votre maison de campagne, mais il y manque le poulailler, » ce qui était exact. Il traduisit un texte grec; or Mme Piper ignorait cette langue que Pelham savait.

La même Mme Piper a obtenu des phrases de langue polynésienne, que personne ne savait dans l'assistance. Lodge demande à Jarry défunt, qui communique par Mme Piper, de révéler un fait de sa vie passée, et l'esprit cite un accident sur l'eau, confirmé plus tard par une personne absente à la séance. L'inconscient et la cryptomnésie ne peuvent expliquer ce fait ignoré de Lodge et du médium. Bien d'autres faits analogues peuvent être cités de Mme Piper et d'autres médiums et prouvent l'identité des esprits défunts.

FAITS JUDICIAIRES.

D'autres communications prouvent l'identité des esprits en révélant des faits ignorés et d'une grande importance judiciaire.

Le fils du Dr Davey meurt en route sur le navire où il s'est embarqué pour revenir chez lui. A l'arrivée à Londres, le capitaine informe le père de la mort de son fils et lui remet vingt-deux livres sterling, qu'il dit avoir trouvées dans la poche du défunt. Quelque temps après, ce dernier se communique typtologiquement à son père à une séance spirite, et il lui apprend qu'il est mort empoisonné par le capitaine, laissant soixante-dix livres et non pas vingt-deux, ce qui fut prouvé judiciairement.

On apporte un jour au médium Powel Boston une feuille de papier, sur laquelle une dame absente à la séance a écrit un nom. A peine le médium s'est-il appliqué le papier sur le front (c'était son moyen de rapport avec les esprits), qu'il pàlit soudain, prend la main d'une personne et s'écrie : « Dites à Hatie (nom de la dame qui avait écrit le papier) que ce fut non pas un accident ou un suicide, mais un vil assassinat, commis par mon mari. Il existe des lettres qui le prouvent. Je suis mistress Salie Laner ». C'était le nom, écrit sur le papier, d'une dame tuée quelques jours auparavant d'un coup de fusil dont on n'avait pu trouver l'auteur. Peu de jours après, le mari meurtrier était arrêté.

Un certain Jack communique typtologiquement qu'il a une dette de trente-cinq dollars et une créance de quinze chez le cordonnier A..., et le fait est confirmé en justice.

Un homme est trouvé mort avec d'autres habits que les siens. Dès la nouvelle, une fille du défunt tombe en léthargie et déclare à son réveil qu'on a tué son père et enlevé ses habits contenant une certaine somme. Le mort avait donc communiqué un fait connu de lui seul.

Brofferio cite maints cas de révélation en rêve du lieu où est cachée une somme d'argent ou un papier vainement cherchés.

Saint Augustin conte un cas semblable : « Lors de mon séjour à Milan j'ai su qu'après la mort de..., on vint présenter à son fils une promesse de paiement signée du défunt, dette que ce dernier avait payée avant de mourir. Le jeune homme s'affectait de cette dette non mentionnée dans le testament et dont il ne pouvait trouver la quittance, quand une nuit son père lui apparaît en songe et lui indique l'endroit où elle était conservée : ce qui permit de confondre le voleur. »

Machisch cite un cas tout à fait analogue et bien curieux. M. R..., de Bowland, est sommé en justice de payer une somme importante, déboursée jadis

par son père mort, et dont il ne peut retrouver le
reçu dans les papiers de succession. Il allait être
obligé de payer la somme, quand son père lui
apparut en songe et lui dit : « Les papiers relatifs
à cette affaire sont aux mains du procureur M...,
aujourd'hui n'exerçant plus et retiré à Suveresk,
près d'Edimbourg. Au cas où il l'aurait oublié,
rappelle-lui une petite discussion au sujet d'une
monnaie portugaise ». R..., se rendit à Suveresk,
y trouva le procureur très vieilli, à qui l'histoire de
la monnaie rappela tout ; le papier fut trouvé et le
procès gagné. Il n'y a ici ni télépathie, ni cryptomnésie.

Mᵐᵉ de Morteville, veuve du ministre de Hollande
à Stockholm, allait être condamnée à acquitter une
dette payée par son mari mort, quand celui-ci la
sauva en lui indiquant en rêve l'endroit où était
le reçu perdu. Swedenborg, célèbre pour ses
relations avec le monde invisible, et qu'elle avait
déjà consulté au sujet de cette affaire, lui dit avoir
reçu en rêve la visite de son mari lui annonçant
qu'il allait éclairer sa femme par une vision.

Le baron de Korff, mort en 1867, avait laissé un
testament que l'on ne pouvait retrouver. Il ne le
fut que quelques mois après, grâce au prince de
Wittgenstein, dont une lettre fit connaître une
communication spirite du défunt indiquant la
cachette du testament. Ernesti, Kerner, Party
mentionnent d'autres cas semblables.

FAITS IGNORÉS DU MÉDIUM ET DES ASSISTANTS.

Il y a des cas où l'identité de défunts a été prouvée par la révélation de faits inconnus du médium et de l'assistance et confirmés par la suite.

Mme Prosper, médium, obtient en 1857, à New-York, une communication d'un esprit inconnu, qui dit se nommer Chamberlain, ancien soldat, père de onze fils, mort à cent ans en 1847, ce qui fut trouvé exact.

Le médium K..., de Londres, communique en 1874 avec un Abraham Florentin, se disant natif de New-York, ancien soldat de l'Indépendance américaine, mort à quatre-vingt-trois ans, après une agonie douloureuse, d'un caractère violent, etc. Tout ceci fut confirmé par enquête et par le témoignage de sa veuve.

« La mort de Carducci, m'écrivait mon ami Faihofer, nous fut annoncée le jour même par nos esprits amis. En ce jour de joie pour nous, me dirent-ils, de douleur pour vous, nous venons de fêter Carducci. » Il était mort à l'heure même de la communication, et la nouvelle n'en était pas encore connue à Venise.

A une séance à Paris, la table donne le nom et le prénom d'un esprit. Pharmacien à Québec, dit-il, il s'est un jour trompé dans l'exécution d'une ordonnance, a causé la mort d'un malade et s'est

noyé de chagrin dans le Saint-Laurent, faits reconnus exacts.

Un esprit disant se nommer Vincent, ancien
lieutenant, se communiqua deux ans de suite aux
séances du médium Lina, dont nous avons parlé
plus haut à propos des photographies spirites. Il
cachait son identité, qu'il eût été intéressant de
connaître, à cause de son caractère violent et
sensuel, vraiment original. Il finit à la longue par
avouer qu'il avait été tué en duel treize ans auparavant par un journaliste à Savigliano. Ces renseignements permirent de savoir le reste. Demos,
officier de cavalerie, avait été réellement tué en
duel pour des motifs inavouables. Ses anciens
compagnons d'armes firent de lui un portrait tout
à fait d'accord avec le caractère brutal, querelleur
et débauché, montré en séance et conservé dans
la mort.

MOURANTS ANNONÇANT LEUR MORT.

Un homme, doué d'écriture automatique, parfois en latin qu'il ignore, sent frémir le bâton qu'il
tient à la main, un jour qu'il marche loin de son
village, et il trace ces mots sur la neige : « Reviens
chez toi, ton père est mort ce matin ; R... te don-
nera de ses nouvelles ». Revenant chez lui, il
trouve en route ledit R..., qui lui apprend que son
père s'est tué en tombant d'un grenier. Plus tard,

il tombe malade lui-même et son crayon lui fait écrire automatiquement : « Tu mourras après-demain à trois heures », ce qui eut lieu en effet.

Miss Laura Edmonds reçoit typtologiquement un message d'une dame Dabiel, de Glasgow, connue par elle quelques années auparavant, et qui lui annonce son entrée dans le monde des esprits. La nouvelle de cette mort était vraie.

Un soir, dit Myers, Mme Padeson s'entend appeler par son nom et aperçoit sa mère, morte depuis seize ans ; elle tient deux enfants dans ses bras et lui dit : « Prends-en soin, ils viennent de perdre leur mère ». Le jour d'après arrivait la nouvelle que sa belle-sœur était morte en couches laissant deux orphelins.

D'autres cas semblables sont cités dans les *Phantasm of the Living*. Trois de ces apparitions ont eu lieu avant la mort de la personne apparue, les autres probablement après. Une promesse jurée ou une vive passion semblent avoir une grande influence sur le phénomène et, en tout cas, prouvent l'identité des personnes apparues.

Un phtisique, ayant promis de se mettre en rapport avec sa fiancée sans l'effrayer, se fait voir à la sœur de celle-ci.

Edwin Roussen devait chanter à l'église Saint-Lucas, à San-Francisco, quand il est frappé d'apoplexie en pleine rue et meurt. Trois heures après, le maître de chapelle, qui l'attendait, ignorant sa mort, voit apparaître son fantôme.

Owen mentionne le cas de Sherbrooke et Wynard, tous deux officiers au 2ᵉ d'infanterie à Sydney. Le 15 octobre 1895, à neuf heures du matin, tandis qu'ils buvaient le café chez eux, ils voient un jeune homme passer lentement du corridor dans une chambre à coucher. « Grand Dieu, s'écrie Wynard, c'est mon frère John ». On apprenait le décès de ce dernier peu après par lettre.

Or Sherbrooke, qui n'avait jamais connu John Wynard de son vivant, reconnut plus tard en Angleterre un des frères du mort à sa ressemblance avec le fantôme. Ici l'identité de ce dernier résulte de ce qu'il a été vu par deux personnes à la fois, dont l'une ne l'avait jamais vu vivant.

Plus probant encore est le cas de la veuve du capitaine Weatcroft, tué aux Indes le 14 novembre 1857. A cette même date, dormant dans sa maison de Cambridge, elle voit en rêve son mari en uniforme, pâle et sanglant, la main sur sa poitrine trouée. Peu de temps après, un télégramme lui annonce sa mort, le 15 novembre, à Sucknow. Son avocat lui dit qu'une amie médium a eu également la vision du capitaine mort dans la nuit du 14. Des renseignements ultérieurs rectifièrent le télégramme, qui s'était trompé d'un jour sur la date de la mort. Dans ce cas, la même apparition a été vue au même moment par deux personnes éloignées l'une de l'autre, et la date qu'elle indiquait pour le décès confirmée par renseignements officiels. La concordance est donc parfaite.

*
* *

Tout récemment, dans la *Revue des Revues* de janvier 1909, Stead a donné de nouvelles preuves de grande valeur sur l'identité des esprits. Il avait deux amies, très liées entre elles, Julie et miss M. E., dont chacune avait promis d'apparaître à l'autre en cas de mort. Peu de temps après ce pacte funèbre, Julie meurt à Boston, et M. E. la voit apparaître un soir rayonnante de bonheur, rester un moment à son chevet sans rien dire, puis se dissoudre lentement en un nuage léger qui reste une demi-heure dans la chambre. L'apparition se renouvelle plusieurs fois en Angleterre où M. E. était venue s'établir, et le fantôme muet est aussi visible qu'un être vivant. Stead, qui est médium écrivain, prié d'obtenir une communication, voit sa main écrire cette phrase : « Dites à mon amie de se rappeler ses paroles la dernière fois chez Minerve ». Cette phrase, absurde pour Stead, donnait à miss M. E. une preuve d'identité de l'esprit, car elle et Julie, peu avant la mort de cette dernière, avaient fait une visite à une amie commune surnommée Minerve.

C'est peut-être là un cas de cryptomnésie. Mais

que dire des prédictions véritables faites par la
défunte? Miss M. E., employée chez Stead, était
intelligente, mais distraite. Stead reçoit un jour
de Julie ce message par écriture automatique :
« Sois patiente avec M. E., qui va me rejoindre à
la fin de l'année », message répété d'autres fois,
et dont rien ne faisait prévoir la réalisation.
Quelques mois après, M. E. avale par malheur un
petit clou, et les médecins désespèrent de sa vie.
Elle guérit cependant, ainsi que l'avait prédit un
nouveau message de Julie. Elle guérit également
d'une influenza grave. A Noël, elle tombe malade
de nouveau, et Julie consultée par Stead, lui
répondit : « Dites-lui adieu, vous ne la reverrez
plus sur terre ». Deux jours après, elle se jetait
d'une fenêtre, dans un accès de fièvre, et se tuait.
La prédiction, faite en janvier, était ainsi réalisée.
« Je puis prouver, dit Stead, l'authenticité du fait
par les manuscrits des divers messages, et par le
témoignage de mes deux secrétaires, auxquels
j'avais communiqué les avertissements de Julie ».
Miss M. E. qui, de son vivant même, et loin de
Stead, se communiquait à lui par écriture automatique, lui avait fait quatre promesses : se servir de
sa main pour lui dire comment elle se trouvait
outre-tombe ; apparaître à deux de ses amis ; se
faire photographier ; lui envoyer, par l'intermédiaire d'autres médiums, des messages dont
l'authenticité serait prouvée par un signe convenu,

une croix dans un cercle. Or Stead certifie la réalisation de toutes ces promesses.

MORTS ANCIENS.

Il existe des communications de personnes mortes depuis des siècles.

Un descendant de Sébastien Bach en a obtenu une d'un musicien italien, Baldassarini, qui vivait à la cour de Henri III de France, et cette communication, que l'on peut lire dans le livre de Delanne, est authentifiée grâce à un feuillet trouvé dans une épinette de 1664.

« Il m'est apparu, dit Stainton Moses, un esprit se disant le docteur Dee, lecteur à l'université de Paris à l'époque de la reine Elisabeth, qui le visita à Mortlake où il mourut, détails confirmés par documents du British Museum.

J'ai eu moi-même une communication d'un certain Zaccharias Gray, se disant ecclésiastique à Cambridge en 1728 et auteur du livre *The immortal Holybrass*. Cette communication, d'une écriture très particulière, est conforme à celle des manuscrits de l'auteur, conservés au British Museum.

*
* *

Les meilleures preuves d'identité d'esprits sont données par la cinquantaine de *messages complé-*

mentaires (cross correspondence des Anglais), obtenus grâce à l'esprit-guide de Myers, esprit très
savant et qui s'est communiqué presque simultanément à quatre médiums, Mme Holland aux Indes,
Mmes Farbes et Verral en Angleterre, et Mme Piper
en Amérique, leur dictant des messages presque
identiques pour le fond.

Beaucoup de ces faits peuvent être mis en doute,
si on les considère isolément. Mais leur nombre et
leur concordance créent une certitude presque complète. Cette certitude vient de la révélation de particularités de la vie des individus et de petits faits
ignorés, qu'on avait intérêt à ne pas faire connaitre; elle vient aussi de l'identité d'écritures dont le
médium ignorait la forme, surtout quand elles
dataient de plusieurs siècles, et de la coïncidence
du fond de communications multiples faites simultanément en des pays éloignés et à des médiums
différents.

Une autre preuve est, dans certaines communications, le caractère fragmentaire et contradictoire
du dialogue, lequel exprime le mélange et le croise-
ment confus de plusieurs personnalités ainsi que le
niveau intellectuel du médium. C'est le cas lorsque
l'esprit Stattford, interrogé sur un sujet d'anatomie,
demande l'aide de l'esprit Willis, prétextant qu'il
ignore l'anatomie ; de même lorsque Mistress Cart-
wright corrige une communication de la jeune
Nelly, disant : je crois que l'enfant s'est trompée,

il ne faut pas la laisser bavarder ainsi ; lorsqu'elle le fait adressez-vous à moi ».

Le médium Mme Corwin cesse soudain de parler, pendant une trance, et continue la communication avec des mouvements particuliers des mains, où l'on reconnaît le langage usuel des sourds-muets, ignoré pourtant du médium.

Ces gestes, ces dialogues fragmentaires, mais caractéristiques et se corrigeant les uns les autres, sont, comme le remarque Bozzano, dans sa belle *Identification des phéromènes spirites*, d'une évidence ingénue qui exclut toute fraude et complète les signes d'identité.

CHAPITRE XI

Doubles.

La réalité de l'existence des fantòmes cesse œ
paraître paradoxale, si l'on admet ce qu'on appelle
le *double* du corps (en grec ειδωλον, en anglais
wraith, en allemand Doppelgünger), dont parlent
tant de légendes anciennes. Mais les anciens n'ont
étudié qu'un petit nombre d'apparitions et de
songes, tandis que les modernes ont accumulé une
longue série d'observations et de preuves, peut-
être contestables, prises isolément, mais acquérant,
comme les pierres d'une voûte, une grande solidité
par leur réunion même.

EXTÉRIORISATION MOTRICE.

La première mention du *double* se trouve dans
les observations de de Rochas, contrôlées depuis
par Maxwel chez le sujet Aguilar. Ces savants ont
remarqué que la motricité et la sensibilité sont
prolongeables à quelque distance du corps, dans

les sommeils magnétique, hypnotique et médianimique, chez les sujets sensitifs. Une première
zone de sensibilité s'étend de la surface du corps
jusqu'à 3-4 centimètres. Autour de cette zone, à
des intervalles de 6-7 centimètres, il existe d'autres
couches se succédant jusqu'à 2-3 mètres. En poussant plus loin l'hypnose, ces couches sensibles se
condensent en deux pôles de sensibilité, l'un à
droite et l'autre à gauche du sujet. Finalement ces
deux pôles se réunissent, et la sensibilité du sujet
se transporte, tout comme un costume sur un
mannequin, sur une espèce de fantôme, lequel peut
s'éloigner au commandement du magnétiseur et
traverser des obstacles matériels, en conservant sa
sensibilité. Eusapia, d'après de Rochas et Morselli,
possède ce pouvoir d'extériorisation. Morselli a
remarqué qu'elle a pu sentir une piqûre d'épingle
à environ 3 centimètres de l'avant-bras, et à 5-6
centimètres du dos de la main gauche.

DOUBLE CHEZ LES SUJETS MAGNÉTISÉS.

L'existence de ce *double* est confirmée par les
expériences de Durville. Par des passes et autres
pratiques de magnétisme, il a créé une sorte de
double autour de deux sujets, Ninette et Marthe,
dont les motricités extériorisées leur permettaient
de se donner des coups à distance, au commande-

ment. Poussant plus loin l'expérience, il a vu se former, à 50-60 centimètres de l'un des sujets, un véritable fantôme qui pouvait s'éloigner quelque peu.

Les parties constitutives de ce double sortent en effluves de vapeur, du front, du nombril, de la bouche du sujet, forment un tout qui lui ressemble, et apparaissent lumineuses et d'une certaine densité. Ce double est relié au corps par un cordon fluidique partant du front et de l'épigastre.

Pendant que les organes apparents du double sont seuls à percevoir des sensations, les sens réels du sujet sont insensibles.

Quand on s'approche de ce double, on a l'impression d'un vent froid ; si on le touche, on a une impression de fraîcheur humide et, dans l'obscurité, les doigts deviennent lumineux. Le double de maints sujets peut produire des *raps*, des coups à distance, comme les médiums, ouvrir portes, caisses, etc., et voir à travers les corps opaques.

Le magnétiseur Lewis est prié par R. d'aller toucher chez ce dernier les épaules d'une dame. On envoie vérifier chez R., et l'on trouve toute sa maison en révolution, parce qu'un fantôme, le double de Lewis, est venu toucher en pleine lumière les épaules d'une dame.

DOUBLE DANS LE SOMMEIL.

Ces faits acceptés, il est facile de comprendre
que. lorsque les activités sont endormies dans le
sommeil, le double puisse fonctionner et se transporter à grande distance, comme dans le cas suivant observé par Hyslop. Le docteur C. W. S.
s'éveille d'un sommeil profond, un dimanche de
1907, à une heure du matin, avec la sensation nette
de la présence d'une personne dans sa chambre.
Regardant de tous côtés, il aperçoit en effet au
pied du lit sa femme vêtue de son costume d'intérieur. Il lui demande ce qu'elle fait ici, et elle de
répondre qu'elle vient chercher de ses nouvelles.
Puis elle s'approche de lui, l'embrasse et disparait.
Le matin le docteur télégraphie à sa femme qui lui
répond qu'elle est en bonne santé. Rentré chez lui
quelques jours après, il est frappé d'entendre sa
femme lui demander s'il a bien dormi la nuit du
samedi. Elle finit par lui avouer qu'ayant lu, dans
Laws of physical phénomens de Hadeson, qu'il est
possible d'apparaitre à une personne éloignée. si
l'on y pense fortement avant de s'endormir, elle a
tenté l'expérience sur lui.

DOUBLE DANS LA TRANCE.

Étudions maintenant l'activité du double dans
l'état médianimique ou trance.

Crookes a vu le double de Mme Fay prendre un livre situé à huit pieds de cette personne attachée à une chaise. La fille du juge Edmonds pouvait envoyer son double aux personnes qui le désiraient. Fergusson, qui accompagnait les Devonport, vit leurs mains, bras et bustes à plus de deux mètres de leurs corps.

Autre exemple. Uzzema Usago, sorcier en chef d'une tribu nègre, déclare au missionnaire F... qu'il est capable de se transporter instantanément dans la plaine de Yemog, située à quatre jours de marche. Il le fait assister aux préparatifs de ce qu'il appelle son départ, et accepte de faire une commission chez un ami du missionnaire demeurant à trois jours de marche. Uzzema allume un grand feu avec des bois odoriférants, se déshabille, se couvre de ses fétiches, en répétant sans cesse un chant bizarre et lent, sorte d'incantation aux esprits des forêts et des eaux, puis il s'enduit tout le corps d'un liquide visqueux et s'endort d'un sommeil particulier. Au bout de quelques heures de cet état cataleptique, pendant lequel toute vie semble arrêtée, il se réveille, le corps agité de mouvements spasmodiques, et déclare revenir de Yemog et avoir fait la commission, ce qui fut confirmé par l'ami du missionnaire.

Uzzema s'est donc mis, par des moyens hynoptiques et des toxiques, en trance complète, laquelle lui a permis d'extérioriser son double et de l'envoyer à grande distance en peu de temps.

DOUBLE DANS L'ÉTAT EN APPARENCE NORMAL.

En 1845, Mlle Émilie Sagée, de Dijon, était institutrice dans un pensionnat de jeunes filles de
Livonie, en Russie. Quelques semaines après
son arrivée, des bruits étranges commencent à
courir sur son compte. Un jour qu'elle fait sa
leçon devant treize élèves, ces dernières voient
soudain deux Sagée, l'une au tableau en train
d'écrire, l'autre à côté de la première et imitant
ses gestes.

Un autre jour, pendant qu'elle mange au
réfectoire avec tout le pensionnat, son double est
assis derrière elle et imite ses gestes. Une autre
fois, elle est couchée à la suite d'un refroidis-
sement, et son amie, Mlle Wrangel, qui lui tient
compagnie et lui lit un livre, voit soudain avec
effroi le double de Mlle Sagée marcher dans la
chambre. Les élèves, rassemblées pour des travaux
de broderie, voient Mlle Sagée en train de cueillir des
fleurs dans le jardin, pendant que son double est
assis dans la salle, silencieux et immobile. Deux
enfants vont pour le toucher et sentent qu'il manque
de consistance, comme s'il était gazeux, et qu'il se
dissout peu à peu. D'autres faits analogues,
répétés pendant dix-huit mois, firent congédier
l'institutrice, qui dit en partant : « C'est la dix-
neuvième fois qu'on me renvoie pour ce motif ».

En 1828, R. Bruce, second d'un navire dans les eaux de Terre-Neuve, voit soudain dans la cabine proche de la sienne un homme inconnu écrivant au tableau. Effrayé, il va sur le pont donner la nouvelle, revient, ne voit plus personne, mais trouve écrit : « Gouvernez au nord-ouest ». Il suit le conseil et rencontre un navire en perdition où il reconnaît le voyageur dont le double lui était apparu et qui déclara avoir vu en rêve le navire sauveur.

DOUBLE DANS LES NÉVROSES.

L'existence du double a été constatée dans certaines névroses. Pailhas a récemment signalé des dédoublements de la personnalité, consécutifs aux troubles sensoriels et périphériques, qui suivent certains cas de phlegmon, d'érysipèle et d'hémorragie.

Une femme de quarante-six ans, après grave hématomèse et insomnie, sent des douleurs à la tête et, près de son côté droit, où l'on a fait des injections d'ergotine, elle voit un double de son corps étendu dans un lit voisin. Elle converse avec ce second *moi*, qui lui répond et demande sa part de nourriture.

Une autre femme, après une forte entérorragie, a l'impression d'être double, d'avoir deux corps complets. Lorsqu'elle remue un membre, elle croit en remuer deux.

Une **autre**, phtisique galopante, sent son double
à côté d'elle.

DOUBLE « POST MORTEM ».

A la mort de la reine Ulrique de Suède, on
exposa son cadavre en chapelle ardente, dans une
bière ouverte. Le commandant de la garde, rendant les honneurs funèbres, voit se présenter la
comtesse Steenbeck, ex-favorite de la reine, qui
demande à entrer seule dans la chapelle. Au bout
de quelque temps les officiers, ne la voyant pas
sortir, craignent un malheur, ouvrent la porte et
voient la reine debout dans son cercueil, tenant la
comtesse étroitement embrassée. On sut depuis
que cette dernière n'avait pas quitté Stockholm et
qu'elle était morte au moment de son apparition
dans la chapelle de la reine. Si cette histoire est
authentique, le double pourrait apparaître après la
mort, tout comme dans le sommeil et la trance.

DOUBLE CHEZ LES SAINTS, PROPHÈTES, ETC.

Il est maintenant facile de comprendre la *bilocation*, si fréquente chez les saints et les mages
d'autrefois.

Au dire de Tacite, Vespasien vit à ses côtés
dans le temple de Sérapis, à Alexandrie, le fantôme

du prêtre Basilides, qu'il savait infirme à huit cents milles de là.

Saint Augustin connaissait ces phénomènes à propos desquels il écrit : « Les apparitions des morts aux vivants sont possibles comme celles des vivants aux vivants. »

On lit dans Sophronius que Georges, abbé du mont Sinaï, pris un samedi saint d'un vif désir de célébrer ses pâques à Jérusalem, se trouva le soir même au nombre de ceux à qui Pierre, patriarche de la Cité Sainte, donna le saint sacrement. Surpris de le voir, le patriarche dit à son coadjuteur : « Mais quand donc est venu l'abbé du mont Sinaï ? Dites-lui que je veux l'avoir à ma table.» L'autre voulut faire la commission. Mais l'abbé venait de disparaître, et des témoins constatèrent qu'il n'était pas sorti de son couvent.

Saint Joseph de Copertino avait promis à Ottavio Piccino de venir l'assister à ses derniers moments, et il tint parole sans quitter Rome. Le même, de sa cellule de son couvent d'Assise, assista sa mère mourante à Copertino.

Pendant que saint Antoine prêchait en Espagne, son père fut accusé d'homicide à Padoue et condamné à mort. On allait exécuter la sentence, lorsque le saint apparut sur le lieu du supplice, prouva l'innocence de son père et découvrit le vrai coupable. Il fut constaté que le saint n'avait pas quitté l'Espagne.

Dans le procès de béatification d'Alphonse de Liguori, il est dit que ce bon serviteur de Dieu assista miraculeusement le pape Clément XIV dans ses derniers moments à Rome, pendant que son corps à lui était immobile à Arienzo, dans une extase dont il ne sortit qu'au moment où le pontife expirait. Le fait fut certifié par des témoins si nombreux que l'on canonisa Alphonse bien avant le temps voulu.

DOUBLE CHEZ LE GÉNIE.

On sait la vision que Gœthe a eue de son propre double, après la vive et douloureuse émotion de son dernier adieu à sa Frédérique.

Guy de Maupassant, au début de la paralysie générale qui devait l'enlever, vit avec terreur un double de lui-même assis à sa table, et il s'est inspiré de cette hallucination dans le *Horla*.

George Sand dit avoir eu plusieurs fois l'hallucination visuelle et auditive de son double.

** *

La manifestation du double coïncide donc avec divers états psychiques anormaux.

Le double explique, sans qu'on ait besoin de recourir aux esprits, nombre de phénomènes spirites, pourvu qu'on admette que tout ou partie du corps du médium puisse agir à distance. C'est au double qu'appartiennent les membres fluidiques, plus ou moins formés, que l'on voit sortir du médium, et qui ont fait si souvent croire à des fraudes de sa part.

Le double explique, chez le médium, la faculté de vision dans l'obscurité; chez le somnambule, les transferts de sensations, qui le font voir par l'oreille, sentir des odeurs par le genou, etc. Il peut également expliquer, chez somnambules et médiums, la faculté de voir à distance ou à travers les corps opaques, celle de distinguer au simple toucher des métaux semblables en apparence, et aussi le pouvoir de *bilocation* à grande distance constaté dans le sommeil, l'agonie, et l'extase.

Le double permet encore de comprendre l'existence de corps fluidiques ayant, au moins pour quelque temps, tous les pouvoirs du corps vivant. Il peut être aussi considéré comme le trait d'union entre le médium et l'esprit des morts. Mais, tandis que ce dernier paraît immortel, il semble que le double ne dure guère après l'agonie. Son action concorde avec celle du vivant, tandis que l'action des défunts est d'ordinaire autonome et souvent en opposition avec celle du médium. L'esprit apparaît sous forme de fantôme distinct du médium, manifeste des énergies ayant les caractères individuels des défunts et dont le médium est incapable par lui-même.

DOUBLE DANS L'HISTOIRE.

Les Égyptiens distinguaient trois éléments chez l'homme : 1° le corps ; 2° le *kou* lumineux ou esprit ; 3° le *ska*, le double considéré comme le lien et l'intermédiaire entre le corps et l'esprit. Ils l'appelaient aussi *srit*, ou ombre, et le croyaient fait d'une matière subtile recouvrant le corps vivant, en reproduisant les formes, les attitudes, le costume aux divers âges de la vie, et déclinant avec celle-ci. On le disait invisible d'ordinaire, visible seulement à certains prêtres ou médiums, aptes à cette perception après des exercices spéciaux ou par un don naturel.

Des Égyptiens cette croyance passa chez les Grecs et les Hébreux. Dans la Kabbale, l'âme s'appelle *nefes* ; le double, ou corps éthéré, souffle, *ruach* ; l'esprit, *neshamâch*. Ces trois éléments s'unissent et passent l'un dans l'autre, comme les couleurs du spectre. Le *ruach* est le lien entre l'esprit et le corps.

Pour Origène, les âmes, au sortir du corps matériel, revêtent un corps subtil, sorte de fourreau ou d'étui, semblable au corps abandonné.

CHAPITRE XII

Maisons hantées.

Les phénomènes des maisons hantées apportent une contribution importante à la solution du problème de l'activité postmortelle des défunts. Ils seraient tout à fait analogues aux phénomènes médianimiques ordinaires, s'ils n'étaient plus spontanés que ceux-ci, souvent sans cause apparente, et presque toujours localisés dans une maison, une pièce, un groupe de personnes. Les plus fréquents sont des *raps* très forts, des frottements, des pas, des transports d'objets, même en des pièces fermées à clé, et plus rarement des apparitions.

Autres caractéristiques notées par Joire : absurdité apparente et manque de but dans les phénomènes moteurs, comme bruits de sonnettes, extinction de lumières, transports d'ustensiles, de chaussures, de coiffures, etc., dans les endroits les plus inattendus, habits chiffonnés ou cousus ensemble, etc. A noter également : la grande violence des bruits ; la projection brutale d'objets sans égards aux personnes et aux choses, contrai-

rement à ce qui se passe dans les séances spirites ;
parfois une intention malfaisante : matelas brûlés, vêtements déchirés, etc.

La croyance aux maisons hantées est si ancienne
que dans toutes les langues on trouve des mots
pour les désigner : *spuken* en allemand, *haunted*
en anglais, *spiritate* ou *infestate* en italien, *hantées*
en français, sans compter les nombreux termes
locaux. Leur réalité est aussi confirmée par nombre d'arrêts de justice.

Dans les derniers jours de décembre 1867, à
Florence, via Ghibellina n° 14, commencèrent
d'étranges phénomènes : grondements souterrains,
coups soudains à la table de famille pendant les
repas, craquements d'objets dans les armoires,
pluies de pierres, étreintes de mains invisibles aux
bras des habitants, dont quelques-uns voyaient
des fantômes coiffés d'amples chapeaux, comme en
portent les frères de la Miséricorde. Le locataire
cita le propriétaire en justice pour être indemnisé
des dégâts, et le Tribunal accueillit la demande,
après preuve des faits.

Dans une maison du cours Saint-Charles n° 7 à
Naples, louée par la duchesse de Castelpoto et sa
famille, on eut à constater d'étranges manifestations périodiques, à marche ascendante, puis descen-
dante. Ce furent d'abord des bruits bizarres et des
coups, augmentant d'intensité avec la nuit ; puis des
déplacements de meubles et autres objets, assez

bruyants pour effrayer les voisins. On entendit un jour des pas et l'on vit un fantôme lancer une clé, du seuil d'une pièce. Les locataires, ayant une nuit quitté la maison, trouvèrent en rentrant les portes obstruées au dedans par les meubles entassés. Tout ceci leur fit obtenir la résiliation de leur bail.

Déjà chez les anciens, les lois prévoyaient des ruptures de contrats de location pour cas semblables. C'est ce qui a lieu encore aujourd'hui en Espagne.

On lit chez Dalloz : « On discute si l'apparition de spectres dans une maison habitée entraine la responsabilité du propriétaire. La plupart des auteurs se sont prononcés pour l'affirmative, ce qui fait que la personne qui a loué a le droit de demander la résiliation de son bail. »

§ 1. — MAISONS HANTÉES MÉDIANIMIQUES.

On peut admettre, ce me semble, deux espèces de maisons hantées : celles qui le sont peu de temps, où l'on découvre d'ordinaire l'influence d'un médium, et que l'on peut appeler *maisons médianimiques;* celles où le phénomène est durable et où toute influence de médium semble exclue. Sur dix maisons *hantées*, que j'ai pu visiter à Turin, j'en ai trouvé quatre de la première espèce.

Dans l'une on constatait des aspersions d'eau, des

buits continuels de sonnettes, même avec leurs
cordons coupés, des déplacements d'objets de cuisine, de meubles, de chapeaux, etc., même fixés
par des clous. L'influence venait d'une jeune fille
hystérique. Dès qu'elle fut mariée, les phénomènes
cessèrent après avoir duré deux ans.

Chez l'ouvrier R. D., on entendait dans le mur
des coups presque aussi forts que ceux du canon,
les portes et les fenêtres s'ouvraient soudain, les
cheveux des enfants étaient tirés, tout cela dès qu'il
eut introduit chez lui une jeune femme. Exami-
nant celle-ci, et lui trouvant des points hystéro-
gènes, de l'hémianesthésie du côté, ainsi que des
mouvements choréiques des muscles abdominaux
simulant la danse du ventre, je la fis conduire à
l'hôpital. Tous les phénomènes cessèrent dès
son départ, et ils ne recommencèrent plus lorsqu'elle rentra guérie. Preuve qu'elle provoquait
inconsciemment, dans le sommeil, des phénomènes
médianimiques, évidemment liés à son état nerveux.

Dans une chambrette du quatrième étage, habitée par une famille de pauvres typographes, l'on
constata des phénomènes semblables, qui effrayè-
rent tous les voisins. C'étaient, dans le mur touchant au lit des enfants, des bruits terribles
comme plus haut. Ils venaient de l'un des enfants
âgé de huit ans et médium inconscient, car ils
cessèrent dès qu'on l'eut éloigné quelque temps. A

remarquer qu'ils s'affaiblissaient lorsqu'il était malade.

Dans une crémerie de Turin, des bruits semblables et des mouvements spontanés d'objets étaient provoqués par un jeune médium de six ans, fils et neveu d'autres médiums; mais ils ne durèrent que dix-huit jours.

La proportion des maisons *hantées* sous l'influence des médiums est, selon Pull, de 28 p. 0/0. Les médiums agissant sur ces maisons sont d'ordinaire des femmes et des enfants. Ils n'ont pas conscience de leur action, qui se produit pendant le sommeil. Le fait est d'autant plus remarquable que la très grande énergie des mouvements et des *raps* constatés dans ces cas est en contradiction avec la faiblesse musculaire des enfants et des femmes.

§ 2. — MAISONS HANTÉES PSEUDO-MÉDIANIMIQUE.

Dans d'autres cas, l'influence d'un médium est moins certaine. Par exemple à Turin, via Bava n° 6, on entend des bruits singuliers. On cherche et l'on trouve que les bouteilles de la cave sont projetées de leurs casiers sur le sol, où elles se brisent. D'autres fois, elles descendent lentement, toujours d'elles-mêmes, se mettent à rouler et viennent s'entasser contre la porte close, qu'elles obstruent. Dans une chambre du haut, différents

meubles ou objets se déplacent ou se brisent. Un
curieux met sur un lit son chapeau, lequel disparaît soudain et est retrouvé dans les cabinets de
la cour. Les gens s'affolent, la police s'en mêle et
l'on appelle même un prêtre. Mais la sarabande
continue de plus belle, et les bouteilles viennent
se briser aux pieds de l'exorciseur. Il en est de même
en ma présence. J'inspecte à fond les locaux et ne
trouve rien de suspect. Restaient les locataires :
un petit domestique de treize ans, normal en
apparence; un autre plus âgé, sûrement normal;
le patron, Fumero, vieux brave qui menaçait
les esprits de son fusil, portait sur la figure ses
habitudes d'intempérance; la patronne, petite
femme de cinquante ans, sujette à des hallucinations depuis son enfance, avait subi l'opération
de l'hystérectomie. Je la fais partir à Nole, son
pays, et les phénomènes n'en continuent pas
moins. Le jeune domestique congédié, tout cesse.

On serait porté à croire à une influence de sa
part. Pourtant, il n'était pas hystérique et il ne
provoqua rien de semblable chez ses autres
patrons. Il faut donc admettre que la femme
hystérique pouvait agir à distance sur sa maison.

Autre cas de maison hantée à distance, cité
dans *Story of my life*, de Hare. En 1891, Mme Butter,
résidant en Irlande avec son mari, rêve qu'elle
habite une belle maison très commode. Ce rêve
l'impressionne et se répète plusieurs nuits de

suite, où elle visite la maison *en esprit*. Toute la
famille se moque d'elle et de sa maison de rêve.

En 1892, les Butter quittent l'Irlande pour
s'établir en Angleterre. Entendant parler d'une
maison à vendre dans le comté de Hampshire, ils
vont la visiter. Mme Butter reconnaît aussitôt la
maison de ses rêves. Comme les deux époux
s'étonnaient de la modicité du prix, on leur
répondit que la maison avait été visitée par un
fantôme, mais que Mme Butter ne devait pas s'en
effrayer, puisqu'elle-même était ce fantôme. Elle
aurait donc agi inconsciemment avec son double,
lequel peut ainsi se transporter du lieu où est la
personne médium endormie au lieu auquel elle
pense avec force dans son rêve.

Tummolo, dans *Luce et Ombra*, mai 1909, cite
le cas analogue d'une nommée Carnevali, hystérique. Dès qu'elle entrait en catalepsie, les portes
s'ouvraient et les chaises dansaient autour d'elle.
Transportée à 1.500 mètres de là, les mêmes
phénomènes se répétaient dans le premier lieu,
dès qu'elle entrait en crise.

L'influence d'un médium peut donc se manifester à distance sans diminuer d'intensité.

§ 3. — MAISONS HANTÉES TRAGIQUES.

Dans les cas de maisons *hantées*, que j'appelle
tragiques, il ne semble pas y avoir d'influence de

médiums, ou il faudrait admettre qu'elle peut
durer des siècles. Légende et chronique attribuent
les bruits et les fantômes constatés à des crimes
plus ou moins anciens commis en ces lieux. Ceci
est en rapport avec la plus grande énergie admise
chez les esprits qui ont eu une mort violente, avec
leur tendance à venir là où ils sont morts ou
enterrés, et à persévérer dans leurs anciennes
habitudes (esprit des marins d'un navire sub-
mergé continuant les manœuvres au fond de
l'eau). C'est pourquoi les phénomènes de ce genre
de maisons hantées sont liés à des demeures,
sites, etc., déterminés.

L'exemple le plus ancien est celui de Pausanias,
général des Lacédémoniens à Platées, condamné
à mourir de faim dans le temple de Minerve, et
dont l'esprit s'y manifesta longtemps par des cris
et des bruits effrayants. On ne put les faire cesser
qu'en faisant venir de Thessalie un célèbre psycha-
gogue, ou prêtre évocateur des ombres.

On conte la même chose de Persée qui effraya
longtemps les habitants de Cheminis, en se rendant visible dans le temple.

Le philosophe Athénodore achète une maison à
Athènes. La première nuit, lisant et écrivant
comme il faisait d'ordinaire, il entend soudain
comme un bruit de chaînes traînées sur le plancher. Il lève les yeux et voit un vieillard, l'air
triste, chargé de fers, qui s'approche, lui fait signe

de le suivre et l'emmène en un point de la cour où il disparaît. Le philosophe conte la chose aux juges, on fait des fouilles et l'on trouve un squelette enchaîné. On lui donne une sépulture honorable et tous les phénomènes cessent.

On lit chez Pitré : « Les âmes des assassinés, des suicidés, hantent les lieux de leur mort, secouant des chaînes et hurlant. Les âmes des voleurs, et même celles de leurs fils ayant joui du bien mal acquis, visitent chaque nuit les maisons de leurs victimes et n'ont pas de repos tant que le mal fait n'est pas réparé. Il en est de même des âmes des prêtres qui ont fraudé la messe. D'autres esprits habitent les vieilles maisons, y sifflent, heurtent les murs, allument les feux, tirent les sonnettes, etc. Près de Piana des Grecs, il y a un abîme rempli des esprits de ceux qu'on y a précipités autrefois. Le cap Feto est hanté par les esprits dont les corps y ont été écrasés sous les roches. Dans l'église de Saint-Jean de Modica, on voit souvent le fantôme d'une lavandière, morte soudain après avoir tué une autre femme. »

A Tremblay en Bretagne existe un vieux château, inhabité à cause des bruits infernaux provoqués par les victimes de meurtres anciens.

Plus étranges encore sont les phénomènes constatés en France au temps des persécutions contre les Camisards. On lit chez l'abbé Pluquet : « On entendait des voix chantant dans les airs des psaumes protestants, près des temples ruinés. On en signala en Béarn, dans les Cévennes, à Fassy. Des ministres fugitifs furent escortés par cette musique du ciel. »

Huit jours après la Saint-Barthélemy, Paris fut épouvanté par des gémissements et des cris de douleur et de rage, entendus dans les airs, comme il est dit au livre de Juvénal des Ursins.

On a longtemps parlé en Angleterre du château royal de Wodstock. Après l'exécution de Charles Ier, Cromwell y envoya des commissaires qui furent effrayés quinze nuits de suite par des bruits assourdissants. On jetait des pierres dans leurs chambres ; les lits étaient soulevés de terre ; tables et chaises volaient en l'air, sans qu'on pût découvrir personne. On compte en Angleterre plus de cent cinquante vieilles demeures hantées, presque toutes abandonnées par leurs habitants.

A la tour de Londres, en 1860, de la cellule où sont gardés les joyaux de la couronne et où l'on enferma autrefois Anne Boleyn, on vit sortir un ours fantôme, qui fit mourir de peur la sentinelle.

En 1906, un certain M. V... va s'établir à R..., en Ecosse. Il remarque dès le début, que les ouvriers occupés à réparer sa maison refusent de s'y attarder le soir. Une nuit, sa femme est réveillée par un bruit de râles ; elle voit une autre fois une ombre en pleine lumière, puis mari et femme

entendent des bruits de pas et de sanglots à toute
heure du jour et de la nuit. Les domestiques
effrayés veulent partir ; le chat même de la maison,
épouvanté, refuse de s'écarter de ses maîtres. Les
précédents locataires avaient eu des manifestations
semblables, attribuées à une ancienne habitante de
ces lieux, tuée autrefois par son mari.

Par la suite Mme V..., entend la conversation de
deux voix mystérieuses ; enfin elle finit par voir
le fantôme même de la femme assassinée, habillée
de gris.

C'est là un exemple de la gradation ordinaire des
phénomènes des maisons hantées : d'abord mouvements et bruits, puis sanglots et voix, ombres
vagues et enfin fantôme complet. Qui a des facultés
médianimiques perçoit le tout plus tôt et plus
fort. Les animaux même s'en effrayent.

Miss Gladstone va visiter la famille Maxwell à
Glenlee. Au moment de s'endormir, il lui semble
voir le mur d'en face se couvrir d'une sorte de
brouillard, lequel prend graduellement une forme
et devient une figure grise de femme regardant la
pendule. Mme Stamford a la même vision quelque
temps après et, malgré la chaleur du feu allumé,
elle éprouve une sensation de froid intense. La
famille Maxwell finit par quitter Glenlee. Or la
maison avait été autrefois habitée par une femme
qui avait empoisonné son mari pour s'unir à un
jeune officier. Abandonnée par celui-ci, elle avait

lini ses jours dans la tristesse, passant son temps
à errer dans les pièces et les corridors, que son
ombre hantait toujours. L'apparition avait, dit-on,
cessé quelque temps, après une messe qu'avait fait
dire un locataire catholique.

Dans ce cas, le fantôme semble en rapport avec
la maison et les tristes événements qui s'y sont
passés, bien plus qu'avec la présence de médiums.
Les visiteurs provoquent les apparitions par leur
présence en ces lieux, et surtout en y dormant,
bien plus que par les facultés médianimiques
qu'ils pourraient avoir, et que d'ailleurs ils ne
manifestent pas en d'autres lieux.

Cette influence d'une maison déterminée, autrefois habitée par le défunt, et à laquelle est lié
presque indissolublement l'esprit, se montre dans
bien d'autres cas, qu'il serait trop long d'énumérer.

Grauss cite le cas d'une maison hantée par un esprit
toujours présent aux séances du médium Mme Piano.
Comme cette dernière devait déménager, elle
demanda typtologiquement à l'esprit de la suivre
dans sa nouvelle demeure. Il répondit que c'était
possible à condition de sceller dans le mur de
celle-ci une pierre du mur de la maison quittée.

Cette adhérence à une maison donnée, et même
à ses fragments, nous explique que tant d'esprits
se manifestent dans les ruines inhabitées, et aussi,
comme le remarque Stainton Moses, dans les
lieux où l'on a enterré des morts en grand nombre.

§ 4. — MAISONS HANTÉES PROPHÉTIQUES.

Une autre espèce de maisons *hantées* est celle que nous nommerons *prophétiques,* à cause d'une apparition qui s'y produit à longs intervalles, toujours pour annoncer la mort d'un habitant. Ainsi la Dame Blanche du Palais royal de Berlin, dont la vue, dit-on, présage toujours la mort d'un membre de la famille des Hohenzollern, ou quelque grand événement la Dame d'Isoen ; la Dame Brune du comté de Norfolk ; la Dame Grise de Windsor, etc. La fée Mélusine apparaissait trois jours avant la mort de chaque Lusignan, dans leur château du Poitou. Une Dame Blanche est apparue la veille du supplice de Marie-Antoinette. Le plus fameux de ces fantômes est celui de Berthe de Rosenberg, qui vécut au quinzième siècle, et qui hante depuis cette époque les demeures des familles de Rosenberg et Hohenzollern et de leur parenté.

On croit en Irlande que certaines familles ont le privilège de posséder une *Banschie,* fée domestique, qui se montre versant des larmes lorsqu'un membre de la famille doit mourir.

Paris possède l'*Homme Rouge* des Tuileries, dont la tradition remonte aux origines de l'édifice. Catherine de Médicis l'a vu souvent, dit-on ; il s'est montré avant la mort de Henri IV ; il a annoncé à Louis XIV les tumultes de la Fronde ;

on l'a vu un matin dans le lit de Louis XVI ; son apparition a fait mourir de peur une sentinelle veillant les restes de Marat ; il est apparu à Napoléon à la veille de chaque grand événement, depuis la campagne d'Égypte jusqu'à celle de Russie ; sous la Restauration, il s'est fait voir à la mort du duc de Berry et à celle de Louis XVIII. Telle était la terreur que cet être mystérieux inspirait, récemment encore, que l'impératrice Eugénie défendait de le nommer, même par moquerie.

Notons la curieuse analogie des apparitions ci-dessus avec les fantômes qui se présentèrent à Socrate, Brutus, Drusus, l'empereur Tacite, Julien l'Apostat, pour leur annoncer leur mort prochaine.

Une dame, qui avait loué en 1880 un vieux château d'Écosse, se réveille une nuit et aperçoit le fantôme d'un homme sans tête, vêtu à la mode du temps de Cromwell. Peu de jours après, l'un des habitants du château mourait. Or, d'après la légende du pays, chaque apparition de cet homme annonçait une mort imminente.

Le fantôme était un proscrit du parti des Cavaliers, qui, ayant demandé l'hospitalité au châtelain, avait été livré par lui au parti adverse et décapité.

Autre cas cité dans *History of my life* de Hare. Le célèbre Brewster, sa fille et une gouvernante

étaient les hôtes de la famille Stirling, à Kilpen-
rass, en Écosse. Ils sont tous effrayés dès la
première nuit par des bruits étranges et des
lamentations. Miss Brewster aperçoit, au sommet
de l'escalier, le fantôme d'une femme de haute
taille appuyé à la rampe. Elle en parle à Mme Stirling, qui s'afflige à cause du mauvais présage,
l'apparition annonçant la mort dans l'année de
quelqu'un de la maison. En effet, le major
Svedducburee et sa femme, qui couchaient dans la
chambre la plus voisine du lieu de l'apparition,
périrent tous deux à la fin de l'année, dans la
grande insurrection des Indes de 1857.

Ces apparitions s'expliquent peut-être par la
force médianimique que posséderaient nombre de
personnes sur le point de mourir, force qui leur
permettrait d'annoncer à distance leur fin prochaine, par des voix, des bruits et l'apparition de
leur double. Le moribond serait dans ce cas une
sorte de médium momentané, capable de réveiller
les énergies des morts en certaines demeures,
auxquelles ces morts sont liés magnétiquement
par d'anciennes habitudes.

§ 5. — MAISONS HANTÉES SANS MÉDIUMS APPARENTS.

En d'autres maisons hantées, on ne trouve
même pas cette apparence de médiums. Selon Pull,

sur 101 maisons hantées, l'on constaterait la présence d'un médium dans 28 cas seulement ; dans toutes les autres, on n'en trouverait pas de traces.

Le major Moore raconte qu'en 1842, dans sa maison de Suffolk, la sonnette retentit deux mois de suite, sans cause apparente. Le même fait se répéta pendant dix-huit mois à Pusterfield, quoiqu'on eût coupé les cordons d'attache.

Dans une maison près de Tedworth, le juge Mompreson et sa famille étaient effrayés toutes les nuits, aussitôt au lit, par le bruit d'un tambour invisible et les mouvements des meubles qui semblaient poussés par des mains fantômes. Les animaux eux-mêmes étaient terrifiés et se cachaient. Le juge fut obligé d'abandonner la maison. Ce tambour, chose curieuse, répondait aux questions par des coups répondant à la succession des lettres de l'alphabet, comme dans les communications typtologiques actuelles. On était pourtant en 1662.

Le Dr Morice cite le cas du château de T..., en Normandie, habité par la famille de X..., qui l'avait fait restaurer. Il était bien connu dans le pays pour avoir été, en des temps antérieurs, infesté de démons maléfiques. Dès octobre 1867 commencèrent des manifestations étranges, qui s'accentuèrent en 1875. C'étaient des bruits de pas sur le sol couvert de neige, sans traces de pas, des déplacements de meubles et autres objets, des rumeurs extraordinaires, des cris aigus, des bruits de galop de cheval dans les corridors, etc. Ces phénomènes, qui n'avaient lieu d'abord que de minuit à trois heures du matin, finirent par se manifester de jour. Mme de X..., voulant ouvrir une porte, se sent frappée à la main par la clé sortie toute seule de la serrure. On pratique des exorcismes, ce qui fait cesser les phénomènes, mais ils recommencent en 1891.

M. Joseph Proctor communique le récit jour par jour des manifestations notées chez lui. Rien ne s'était produit dans la maison sous le précédent locataire; mais les autres plus anciens avaient été chassés par des phénomènes effrayants, les mêmes que nota M. Proctor. Ce sont comme toujours des bruits, déplacements d'objets, cris, plaintes, voix, apparitions. La famille Proctor est, elle aussi, obligée d'aller ailleurs, où rien ne se produit. Ses successeurs dans la maison éprouvent les mêmes ennuis.

Ici les manifestations sont liées aux lieux et non aux personnes. Pas de traces de médiums, à moins d'admettre, comme plus haut, qu'ils peuvent agir insconsciemment à distance dans le sommeil avec leur double. Rappelons d'ailleurs à ce sujet que l'esprit Stasie disait à Ochorowicz que, indépendamment de son médium de Paris, elle s'en était procuré à Londres un second, qui l'aidait sans le savoir. Les phénomènes des cas ci-dessus, se

répétant longtemps aux mêmes lieux et dans des
familles différentes, seraient donc dus à l'action
directe d'esprits se servant de médiums éloignés
et inconscients de cette action.

§ 6. — ACTION PRESQUE AUTONOME DES ESPRITS.

En d'autres cas le rôle très grand, sinon exclusif
des esprits, est indiqué par leurs communications
mêmes, par leurs manifestations souvent terribles
et ayant un but donné : revendiquer par exemple
la propriété de leur ancienne demeure, défendre
l'honneur de leur famille, donner des avertissements moraux, religieux, etc.

Mme R. achète en 1857 le château de Ramhurst
dans le Kent et, dès les premiers jours, elle est
effrayée par des *raps* dans les murs et des bruits
de voix inexplicables. Miss S., médium clairvoyant,
vient la voir quelque temps et a bientôt la vision
d'un couple de vieillards habillés à l'ancienne
mode, qui lui apparaissent à plusieurs reprises et
finissent par parler. Ils se disent les anciens pro-
priétaires du château, nommés Children, affligés
de voir leur chère demeure en des mains étrangères. Ces dires furent confirmés par les archives
et les traditions du pays.

Le comte Galateri se retire avec sa famille dans
une maison de campagne achetée aux environs

d'Annecy. Au bout de peu de temps, les phénomènes ordinaires se manifestent : portes s'ouvrant
d'elles-mêmes, déplacement de meubles, bruits,
etc. La mère clairvoyante, dans une séance avec
un autre médium, dit voir le fantôme d'un militaire à la jambe de bois. Il déclare qu'il a servi
sous Napoléon, qu'il a ramassé beaucoup d'argent
en dépouillant les morts sur les champs de bataille,
qu'il se repent de ce vol et qu'il espère attirer par
des bruits et autres manifestations l'attention de la
comtesse, afin qu'elle recherche cet argent enterré
dans la cave et le distribue aux pauvres. Des
fouilles confirmèrent ces dires et, dès qu'on eut
donné l'argent aux pauvres, les phénomènes cessèrent.

Dans ces cas, l'action des défunts est évidente et
indépendante de celle des médiums, lesquels existent mais n'ont pas la moindre idée des désirs et
intentions des esprits qui les font agir.

§ 7. — FAMILLES CONSEILLÉES PAR DES ESPRITS.

Il faut citer à ce propos le cas curieux raconté
par Marquart Feldmann, qui en fut témoin oculaire,
de 1584 à 1589, au château de Hudemühlen en
Bohème, propriété des seigneurs de H... « Ce furent
tout d'abord des bruits étranges auxquels on ne
prit pas garde. Mais peu à peu un esprit se met à

parler en plein jour aux domestiques, qui s'en
effraient au début, puis finissent par s'y habituer.
L'esprit ne se gêne plus, même avec le maître,
parle à haute voix quand la famille est à table,
chante, raille, devient familier et se mêle de tout.
Si l'on se moque de lui, il tempête et brise ce qui
lui tombe sous la main. On lui demande qui il est
et il dit se nommer Hintzelmann, d'une famille de
Bohême. Il ne peut souffrir qu'on le traite de mauvais esprit ou de démon, affirme qu'il est un
homme naturel et qu'il espère gagner son salut.
Le propriétaire ayant cherché vainement à se
défaire de son château, auquel ces diableries donnent mauvais renom, va résider quelque temps en
Hanovre, espérant ainsi se débarrasser de Hintzelmann. Vain espoir, car là aussi l'esprit se manifeste par ses tours ordinaires, d'ailleurs peu méchants. On fait venir un exorciseur renommé, mais
il le frappe, le jette dans l'escalier et lui déchire
son livre. La famille, de guerre lasse, revient à
Hudemühlen. Là l'esprit s'humanise de plus en plus.
Il affectionnait particulièrement deux jeunes filles
de la famille, Anne et Catherine, et leur parlait
volontiers. Tout en se montrant toujours facétieux,
il se rendait utile, nettoyait tout, soignait les chevaux, lavait la vaisselle, retrouvait les objets égarés, punissait les serviteurs paresseux et donnait
de bons conseils. Il accompagna les deux sœurs
lorsqu'elles allèrent habiter le château d'Estrup »;

ce qui semble indiquer qu'il avait l'une d'elles
pour médium.

On pourrait prendre cette histoire pour une
légende populaire invraisemblable, si elle n'était
confirmée par le cas analogue et récent d'une
famille de Bordeaux, garanti par Maxwell. Il s'agit
également d'un *esprit protecteur*, qui se manifeste
dès 1867 à la modeste famille V. par des coups
très forts aux murs et aux meubles, coups qui se
répètent plusieurs nuits. Puis Mme V. et sa bonne,
toutes deux hystériques et agissant par suite
comme médiums, voient une statuette s'incliner
deux fois sur son piédestal, comme pour les saluer,
puis se renverser et se redresser. Les armes des
panoplies et les tableaux remuent aussi en présence
de Mme V. et surtout de la bonne. Celle-ci, ayant
été magnétisée sur l'ordre de l'esprit, voit apparaître le fantôme d'un homme un livre à la main.
Inspirée par lui, elle disserte philosophie, morale
élevée et autres sujets bien au-dessus de ses facultés normales. Un jour, Mme V., entendant une voix
l'appeler par son nom, se met en communication
avec l'esprit, qui lui dicte l'ordre de bourse suivant: « Fais vendre à Paris six mille francs de rente
3 p. 100 et achète dix mille d'italienne », chose
d'autant plus étrange que Mme V. ignorait les com-
binaisons et les expressions de bourse. Cette opération réussit et rapporta beaucoup. L'esprit en fit
faire d'autres tout aussi fructueuses, car il indi-

quait les cours de Paris bien avant le télégraphe.
Une partie des bénéfices fut, sur l'ordre de l'esprit,
consacrée au soulagement de misères cachées, dont
les communications donnaient l'adresse. Plus tard,
sous le prétexte de bâtir une chapelle, l'esprit
défendit de retirer les bénéfices de chaque opération et s'opposa à chaque insistance de M. V.,
même lorsqu'on aurait pu réaliser un gain considérable. Son opposition continua même à l'approche de la guerre de 1870, même lorsqu'elle fut
déclarée, de sorte que les V. furent ruinés entièrement. L'esprit dès lors ne répondit plus aux
demandes et aux reproches de ses victimes. Les V.
sont persuadé qu'il n'a eu d'autre but pendant
trois ans que de gagner leur confiance, pour mieux
les tromper.

Ici évidemment, les deux médiums, maitresse et
servante, n'ont fait que servir d'instrument automatique et involontaire à l'esprit, qui avait son but
et son plan contraires aux désirs et aux intérêts de
M. et Mme V., dont il a causé le malheur, qu'ils
n'auraient pu désirer inconsciemment de façon
aussi persistante et dissimulée. Ajoutons que les V...
n'auraient pu trouver seuls des renseignements et
des prévisions aussi exacts sur les cours de Bourse.

A remarquer dans ces derniers cas le cachet
personnel et le caractère intentionnel de l'action
des esprits, ce que l'on ne saurait trouver dans
l'action des médiums.

Si merveilleux que soient ces faits, ils ne sont pas isolés. L'on trouve une série de phénomènes auditifs dans les *Mémoires* de Mlle Clairon. En 1743 un jeune Breton tomba amoureux d'elle au point d'en mourir. Le jour même où il expira, il l'avait fait supplier de venir le voir. Loin de l'exaucer, elle donna une fête chez elle. A peine avait-elle fini de chanter quelques morceaux, qu'on entendit sur le coup de onze heures un cri très aigu, qui fit pâlir tout le monde. « Je m'évanouis, dit-elle, plus d'un quart d'heure. Dès lors, le même cri retentit tous les jours sous mes fenêtres. Un acteur de mes amis, incrédule, me sollicite d'évoquer le fantôme. Soit faiblesse, soit audace, j'y consens, et trois fois nous entendons le cri retentir terrible. Puis, de quelque temps, on ne l'entendit plus. » Elle s'en croyait débarrassée, mais il recommença à Saint-Cloud, où elle s'était rendue avec sa troupe. Vint ensuite un phénomène plus surprenant. Tous les soirs, contre la fenêtre, on entendait une détonation, à laquelle succédaient des battements de mains, puis des sons mélodieux. Enfin tout cessa. Mlle Clairon sut depuis, par une vieille dame qui avait assisté aux derniers moments du jeune Breton, qu'il avait dit avant d'expirer : « La cruelle s'en repentira ; je la poursuivrai mort comme je l'ai poursuivie vivant. »

Dans ces derniers cas, même en admettant l'intervention inconsciente d'un médium, l'action du défunt est prépondérante et indépendante, car elle est bien personnelle et contraire aux intérêts du premier:

§ 8. — RÉSUMÉ.

Si donc il y a des cas, ordinairement temporaires, où les phénomènes des maisons *hantées* peuvent s'expliquer par l'action des médiums, il y en a beaucoup d'autres où cette action est bien réduite. Ce sont les cas de très grande durée, parfois séculaire, où l'action des défunts est confirmée par des communications typtologiques, des apparitions, des voix entendues par les personnes sensibles, et elle est signalée partout, depuis les temps les plus anciens, dans la légende populaire.

En somme les maisons *hantées* nous fournissent les documents les plus anciens, nombreux et probants, de l'action voulue et persistante des défunts, à une époque même éloignée de leur mort et avec des caractéristiques spéciales : apparition avec le costume de leur temps ; à des heures, jours et époques déterminés, de nuit et surtout après minuit ; répétition des mêmes gestes et mouvements, surtout de ceux dont ils avaient l'habitude de leur vivant ; succession constante et régulière des phénomènes : bruits, mouvements d'objets, voix, enfin apparitions ; but déterminé : se venger, empêcher des actes blâmables, annoncer une mort prochaine, etc.

Lorsque ces phénomènes sont sous l'influence directe d'un ou de plusieurs médiums, leur caractère est plus intense, leur manifestation plus fréquente, bien que moins durable, de quinze jours à deux ans. Mais la plupart semblent indépendants, comme nous l'avons vu, de l'action des médiums, chose naturelle, puisque ces phénomènes ont lieu en des maisons abandonnées, parfois depuis des siècles, et auxquelles ils semblent liés.

Comment expliquer dans ces cas l'action, souvent si énergique des esprits, puisque aucun vivant n'est là pour leur prêter de la force ? On a répondu qu'ils empruntaient la matière de leurs incarnations aux animaux et aux plantes du voisinage, explication peu satisfaisante qui m'a été donnée deux fois par des médiums en trance. Il vaut mieux admettre l'influence de médiums lointains et invisibles. On cite à ce propos le cas de Varley, qui entendait des coups dans le mur de sa chambre, à cinq milles anglais de la maison du médium Home, lequel agissait inconsciemment dans le sommeil, et le cas de Tumulo, chez qui un médium éloigné de quinze cents mètres provoquait des mouvements d'objets. Mais ces cas, comme celui de miss Butter dont le double allait d'Irlande à Londres, sont des dédoublements du médium se transportant au loin pour peu d'instants, plutôt que des cas de maisons *hantées* véritables, où l'action est si persistante et prend si souvent les caractères de celle qu'avaient

les défunts de leur vivant. En tout cas, ces phénomènes prouvent la possibilité qu'ont les médiums
de provoquer des mouvements d'objets et des
apparitions à grande distance, ce qui explique une
partie des phénomènes des maisons hantées. Pour
l'autre partie, il vaux mieux admettre que les
esprits eux-mêmes se servent des énergies de
médiums lointains par eux choisis. Cette hypothèse
semble confirmée par les déclarations de Stasie
affirmant à Ochorowicz que, lorsqu'elle se manifestait à Paris, elle empruntait de la force à une
névrosée de Londres, laquelle tombait en convulsions
à ce moment même.

Mais ceci n'explique pas complètement la grande
durée, l'intense énergie et le cachet très personnel
de l'action des esprits dans les maisons hantées.
Notons aussi la coïncidence de ces phénomènes
avec les morts violentes, homicides et suicides,
survenus autrefois en ces lieux, sachant que les
esprits sont attirés vers les lieux de leur mort ou
de leur sépulture.

A ces cas d'habitations hantées sans médiums
apparents, il faut ajouter les pluies de pierres,
fréquentes, mais courtes, et les phénomènes
lumineux notés à Quargnento, en 1895, par les
professeurs Falcomer et Garzino et par l'ingé-
nieur Capello, phénomènes aussi sans médiums
apparents.

La masse lumineuse apparue avait des dimen-

sions allant de celle d'une grosse lampe à
60-70 centimètres. Son mouvement de translation se faisait par saccades, de l'église de Saint-
Bernard au cimetière, d'où elle revenait vers
minuit. Le phénomène, vu par presque tous les
habitants, avait lieu en toutes saisons, et il est
connu dans le pays sous le nom de feu de Saint-
Bernard.

Un phénomène semblable a été observé à Berbenno en Valteline. Même mouvement intentionnel de la masse lumineuse, toujours à la même
heure et entre les deux mêmes points. Cette
lumière est en dehors de toute loi physique et
traverse les arbres sans les brûler. Tout indique
une manifestation spirite, vu les fréquentes apparitions de globes lumineux aux séances spirites.
Pourtant, ni à Quargnento, ni à Berbenno, ni aux
environs, on n'a trouvé de médiums.

* *
*

A noter le grand nombre de manifestations
constatées ces derniers temps, en comparaison du
petit nombre observé les deux derniers siècles, sauf
dans les couches populaires sans rapports avec les
personnes instruites. Ces dernières, doutant des
phénomènes, même lorsqu'ils se produisaient sous
leurs yeux, ne prenaient pas la peine de s'en
assurer, ce qui les faisait oublier. A notre époque,

on les observe et on les étudie, bien qu'on en
doute et qu'on s'en moque encore.

Ainsi, dans le cas Fumero, si je n'avais pas
insisté, si je n'étais pas retourné sur les lieux,
on l'aurait sans doute attribué à la fraude ou à
quelque mauvais tour, ce qui en aurait détourné
l'attention.

CHAPITRE XIII

Croyance aux esprits des morts
chez les sauvages, les barbares, les anciens.

La croyance universelle à quelque chose d'invisible, qui survit à la mort du corps et qui, dans certaines conditions, peut se manifester à nos sens, nous porte à accepter l'hypothèse spirite.

Pour la plupart des anthropologistes, nos plus lointains ancêtres ont cru, sinon à l'immortalité de l'âme, du moins à son existence temporaire après la mort. De même Figuier observe que les vivres, les lampes, les armes, les monnaies, les objets d'ornement, déposés dans le tombeau à côté du cadavre, prouvent la croyance en une vie future. Et cette croyance existe encore aujourd'hui chez les sauvages qui n'ont aucune idée de la divinité, ou qui n'en ont qu'une idée vague.

Letourneau, cité par de Vesme, dont l'excellente *Histoire du Spiritisme* m'a tant servi pour le présent livre, écrit dans sa *Sociologie d'après l'ethnographie* : « Chez les races inférieures, habitants de la Terre de Feu, Tasmaniens, Australiens,

Hottentots, il n'y a ni temples, ni prêtres, ni rites. Dans cette phase primitive du développement humain, la religiosité *consiste à croire à l'existence d'esprits anthropomorphes et zoomorphes* qui habitent les roches, les grottes, les arbres, etc., et l'idée de communiquer avec ces êtres ne vient à personne. Un peu plus tard, l'homme devenu plus intelligent, plus raisonneur, arrive naturellement à penser que, par des dons, des génuflexions, etc., il pourra peser sur les décisions de ces dieux faits à son image. Alors apparait le prêtre et le temple est édifié. Ce n'est d'abord qu'une humble cabane pareille aux autres ; les dieux étant conçus comme des *êtres errants très semblables aux hommes*, on leur offre une demeure pour se reposer. »

« Le culte — dit Maury — se réduisant chez les sauvages à la conjuration des esprits et à la vénération des amulettes, les prêtres ne sont que des sorciers chargés d'entrer en rapport avec les démons si redoutés. »

Même chez les Hottentots et autres peuples n'ayant aucune idée de la vie future et des dieux, l'on croit que les morts laissent derrière eux une ombre, généralement maléfique. Les Tasmaniens, qui n'ont aucune idée de la divinité, peuplent de mauvais esprits les rochers, les montagnes et toute la nature. D'après Letourneau, lorsque les nègres d'Afrique disent que tout finit après la mort, il faut ajouter : « Sauf la terrible larve du fantôme ».

22.

D'après du Chaillu, les habitants du Congo
croient que l'homme laisse, après sa mort, une
ombre qui lui survit quelque temps et qui
demeure près du lieu de sépulture. Les fils tuent
souvent leur mère, afin que, changée en esprit, elle
puisse leur prêter assistance.

Pour les Cafres, l'homme qui meurt laisse derrière lui une sorte de vapeur, analogue à l'ombre
du corps vivant. L'esprit d'un chef ou d'un ami
leur sert d'ange gardien, et est invoqué aux moments difficiles.

Les Malgaches croient que les esprits des
ancêtres demeurent parmi les vivants, soit pour
les aider, soit pour leur faire du mal.

Les Bamabara croient aux esprits, aux génies,
aux anges. Lorsque ces esprits sont méchants, on
se garde d'eux par des amulettes; lorsqu'ils sont
bons, ils donnent à leurs amis le succès et les
préservent des maladies. Lorsqu'on fonde un village, on choisit un arbre où déposer des offrandes.
Le sorcier protège le village en faisant avorter les
maléfices. Lui manquer de respect, c'est insulter
l'esprit, auquel il est indissolublement lié. Si le
village est en danger, on implore les esprits des
défunts.

D'après Duvergier, lorsque les Touaregs du
nord partent en expédition, leurs femmes vont
s'agenouiller sur les tombes de leurs morts,
évoquent leurs âmes et obtiennent d'eux des

informations, véritables, paraît-il. Le géographe romain Pomponius Melas signalait déjà un usage semblable chez les barbares de l'Afrique du Nord.

On lit dans une conférence de Mary Kingsley sur *Les formes des apparitions dans l'Afrique occidentale :* « Presque tout le monde là-bas croit avoir eu des apparitions de dieux ou d'esprits de morts ; les prêtres se croient en continuel contact avec les esprits, qui prennent possession d'eux et parlent par leur bouche. C'est sans doute que leur système nerveux sensible leur fait voir des choses que nos sens, plus grossiers, ne peuvent apercevoir. Les leurs sont comme des plaques photographiques plus parfaites, où s'imprime plus facilement le monde d'outre-tombe. »

Pour les Bayaks, peuple du Congo, l'âme après la mort habite dans l'air, apparaît aux vivants en rêve, pour se plaindre du mauvais entretien de sa tombe, ou pour crier vengeance contre son meurtrier.

Les Awemba du centre de l'Afrique croient que les esprits des défunts errent près de leurs tombes, s'incarnent parfois dans le corps d'un serpent, apparaissent en songe à ceux qu'ils aiment, mais le plus souvent sont en relation avec les vivants au moyen de sorcières. Celles-ci prennent le nom des morts, imitent leurs gestes, tombent en extase, profèrent des mots que seul le sorcier-médecin peut comprendre, et donnent des indications utiles aux guerriers et aux chasseurs.

Les indigènes d'Océanie, pourtant disséminés sur de vastes mers, ont des croyances presque semblables sur la vie future. Pour eux, l'âme survit un certain temps, environ trois jours, près du cadavre et entend tout ce que l'on dit.

C'est ce qui explique une coutume des Australiens, qui n'osent pas prononcer le nom d'un mort récent, de peur de faire apparaître son fantôme. D'après Perron d'Arc, ces peuples vont la nuit dans les cimetières, pour communiquer avec leurs morts et profiter de leurs conseils.

Les Néo-Zélandais croient à l'existence d'une partie immatérielle et intelligente de l'homme. Lorsqu'ils tuent un ennemi à la guerre, ils pratiquent certains rites pour se garantir de la vengeance de son ombre. D'après le juge Manning, ces peuples obtiennent des réponses de leurs morts au moyen de médiums et de pratiques tout à fait comparables aux nôtres.

Les prêtres des îles Tonga présentent les phénomènes signalés par les anciens chez les pythies et les sibylles et reproduits par le magnétisme. Marner a vu des prêtres de Tongatabou vraiment inspirés et capables de deviner l'avenir au son du tambour, comme les chamans de Sibérie.

Les missionnaires, témoins pourtant partiaux, disent avoir vu chez les Peaux-Rouges des idoles s'agiter spontanément, des objets se transporter soudain d'un lieu à un autre, même éloigné. « Les sorciers des Montagnais, dit le Père Arnaud, se réunissent en conseils, assis les jambes croisées au-dessus d'un *wigwam*, lequel s'agite sous leur influence et répond par des sauts et des coups aux questions qu'on lui pose, tout comme nos tables tournantes. Les divinations ont lieu dans une sorte de cellule cylindrique en écorce de chêne, analogue à nos cabinets médianimiques. A peine le sorcier s'y est-il introduit que l'on entend deux voix, l'une faible, l'autre très forte (celle du sorcier), et la première révèle souvent des faits ignorés et lointains. »

D'après Litz Gibbons, dernier gouverneur de Bay-Island, nombre de Peaux-Rouges sont des médiums plus puissants que les nôtres.

Ainsi, chez les peuples les plus éloignés les uns des autres et sans rapports historiques, le médium est regardé comme l'agent passif du phénomène spirite, dont l'agent actif serait le défunt.

Barbares. — Chez les barbares de tout temps, comme chez nos sauvages actuels, nous voyons les mêmes choses se répéter à peu près.

La mythologie germanique et scandinave est peuplée de nombreuses espèces d'esprits, gnômes, elfes, sylphides, nornes, walkyries, etc. Mais c'est chez les races celtiques que la croyance au monde invisible est le plus développée. Pour les Gaulois, les esprits étaient les âmes des morts; ils croyaient se tenir en rapport avec elles par leurs prêtres ou druides et leurs voyants, lesquels tombaient en extase, prophétisaient, évoquaient les défunts dans les enceintes de pierres appelées *dolmens* et *cromlechs*. Les historiens racontent que Vercingétorix conversait dans les bois avec les âmes des héros morts pour la patrie. Il est dit qu'avant de soulever la Gaule, il se rendit dans l'île de Sein, séjour des druidesses, où un génie lui apparut et lui prédit sa défaite et son martyre.

Inde. — On sait les moyens de communication des brahmes, yoghis, fakirs de l'Inde, avec les Pitris, esprits désincarnés qui attendent une nouvelle vie. Parmi les documents qui prouvent l'antiquité des pratiques spirites dans l'Inde, citons l'*Agruchada*, ou livre des esprits, dont la dernière partie décrit les divers modes d'évocation. Nous avons vu plus haut que les merveilleux phénomènes obtenus par les fakirs sont attribués par eux aux esprits des défunts, dont ils affirment n'être que les instruments.

Extrême-Orient. — La vraie religion de l'Annam est celle des ancêtres, dont les *mânes* veillent sur la famille et la protègent. Ces races peuplent le monde de fantômes qui sont les âmes des morts. Qui est mort sans postérité, ou ne s'occupe pas de ses descendants, erre dans les espaces où il grossit l'armée des esprits maléfiques que les Annamites craignent tant.

Japon. — Mêmes croyances chez les Japonais, dont la religion populaire, le Shintoïsme, d'abord personnification et adoration des forces de la nature, ensuite vénération des esprits des ancêtres, est finalement devenue le culte de ces esprits, à qui l'on offre des sacrifices et dont on invoque la protection.

Chine. — La croyance aux esprits est très répandue dans ce pays, pourtant le moins superstitieux du monde. On y connaît les tables mouvantes, dont l'abbé Vincot, missionnaire, parle ainsi dans *l'Univers* du 14 avril 1857 : « Ces peuples connaissent depuis des siècles les tables qui se meuvent d'elles-mêmes ; elles écrivent soit avec une plume, soit avec un crayon attaché perpendiculairement à l'un de leurs pieds. »

Le *Journal des Débats*, dit, à propos des *tables tournantes* dont se servent les lamas du Thibet pour interroger les esprits : « On place au milieu d'une chambre une table ronde couverte de sable ou de cendre. Au plafond est attachée une flèche dont la pointe touche la table, sur laquelle les lamas rangés en cercle appuient les mains. Au bout de quelque temps la table se met à remuer, la flèche s'agite et écrit sur la cendre la réponse aux questions faites. »

On lit dans les *Annales des Voyages* de 1829 :
« Le Chinois qui veut consulter les esprits prépare
une table couverte de poudre blanche, où une
baguette trace les réponses demandées ».

Égypte ancienne. - Comme les Chinois et comme
les Indiens, les Égyptiens d'autrefois distinguaient
dans l'âme le double ou *ska*, corps fluidique à
l'image du corps matériel, et l'âme proprement
dite ou *ba*. Ils croyaient à la transmigration des
âmes qui, avant d'arriver à l'état d'âme humaine,
devaient s'incarner dans les divers êtres de la nature,
en s'améliorant sans cesse. Avant d'arriver à
l'Élysée, l'esprit du mort devait faire un long
voyage en luttant contre la faim, la soif et le feu.
Toutefois, les esprits pouvaient sortir des régions
infernales pour retourner parmi les hommes et
reprendre un corps vivant.

Hébreux. — La croyance des Hébreux en
l'immortalité de l'âme et leur connaissance des
pratiques spirites sont choses prouvées par les
anathèmes lancés par Moïse contre les adeptes de
la nécromancie. Maints passages de la Bible
montrent que la caste sacerdotale possédait des
roues divinatoires et autres instruments propres à
communiquer avec les êtres d'outre-tombe. Kircher
décrit ainsi la *table tournante* dont on se servait
dans les temples : « Elle était surmontée de quatre
globes de diverses grandeurs, qui tous avaient au

centre un axe sur lequel ils pouvaient facilement tourner. Ces centres communiquaient avec les vingt-deux lettres de l'alphabet hébreu, sur lesquelles venait appuyer une tige indicatrice appelée *tétragrammaton*. Les expérimentateurs priaient ardemment suivant des rites déterminés, tout l'appareil se mettait en mouvement et formait des mots sous l'influence directrice des esprits évoqués ».

Les Hébreux connaissaient aussi la médiumnité dite au verre d'eau, et il est parlé dans la *Genèse* de la coupe dont Joseph se servait pour la divination. Le Deutéronome interdit l'évocation des morts : « Je ne veux voir parmi vous ni augures, ni sorciers, ni diseurs de bonne aventure, ni évocateurs d'esprits ».

On lit dans le Lévitique : « Lorsqu'un homme ou une femme seront convaincus d'interroger les morts, qu'on les fasse mourir en les lapidant, et que leur sang retombe sur eux ».

On trouve dans la Bible maints exemples d'apparitions de défunts, par exemple celle de Samuel, évoqué par la Pythonisse d'Endor, et qui prédit à Saül sa défaite et sa fin. On voit par ce passage que l'évocation au moyen de médiums ou de pythonisses était défendue sous peine de mort par ce même Saül, qui cependant ne craignait pas d'y recourir.

Grecs. — « Toutes les religions païennes, dit

saint Paul, ne sont que cultes d'esprits. » Il semble
en effet que Jupiter, Saturne, Bacchus, tout comme
Hercule, ne soient que des hommes divinisés après
leur mort. Ces dieux ou esprits avaient la faculté
d'apparition, appelée *théophanie*. Les héros,
hommes dont la vie avait été toute de dévouement,
pouvaient s'élever après leur mort au rang de
démons et même de *dieux*.

Pour expliquer l'union de l'âme immatérielle
avec le corps terrestre, les anciens philosophes
grecs admettaient une substance mixte, *l'ochéma*,
sorte d'enveloppe, analogue au *corps astral* des
occultistes et au *perisprit* des spirites. Tous les
Grecs, le peuple aussi bien que les sages, croyaient
que cette enveloppe conservait la forme du corps
après la mort, bien qu'elle restât invisible d'ordinaire, et que l'air était rempli d'esprits qui nous
inspirent et souvent communiquent avec nous. Les
Pythagoriciens étaient si familiers avec les pratiques spirites qu'ils s'étonnaient, au dire d'Aristote,
lorsque quelqu'un disait n'avoir jamais vu d'esprits.
Démocrite croyait à l'apparition de fantômes perceptibles à la vue et à l'ouïe.

Nombreux sont en effet les cas d'apparitions de
défunts, mentionnés par l'histoire et la tradition.
C'est chez Homère l'apparition de l'ombre de
Patrocle à Achille, et d'autres contées par Plutarque,
Cicéron, Valérius Maximus et autres auteurs grecs
et latins. Pausanias assure que sur le champ de

bataille de Marathon on entendait encore, au bout
de quatre siècles, les gémissements et les soupirs
des hommes et des animaux qui y étaient tombés
et qu'on voyait même leurs ombres.

. L'évocation des morts a été pratiquée de toute
antiquité en Grèce. Les mystères d'Éleusis n'étaient
que des cérémonies spirites. Il est avéré que les
psychagogues évoquaient les morts dans les temples.
Hérodote parle d'un νεκρομαντηιον en Thesprotie,
près du fleuve Achéron, où le tyran Périandre fit
interroger l'ombre de sa femme défunte Melisse.
Aristote lui-même fut menacé d'un procès pour
avoir évoqué l'esprit de son épouse.

Romains. — On sait que les Chinois célèbrent
la *fête des esprits*. Les Romains en avaient une
toute semblable, connue sous le nom de *silicernium*,
où ils offraient aux esprits un banquet somptueux.

Lucien, Tite-Live, Denys d'Halicarnasse et
Macrobe, à propos des fêtes funéraires *Lémurales*,
affirment que le peuple allait en procession
chercher les spectres sortant des entrailles de la
terre, pour les conduire au festin.

Les Romains avaient, comme on le sait, une
grande foi dans les oracles et les fantômes. Dans
le poème de Lucain, peu de jours avant la bataille
de Pharsale, Pompée va consulter la magicienne
Ericto, qui lui prédit sa défaite. Rappelons aussi le
fantôme de Philippes. Caracalla, sortant d'Antioche,

voit apparaître l'ombre de son père Septime
Sévère, qui lui dit : « Je te tuerai comme tu as tué
ton frère Géta ». D'après Flavius Vespicus, l'empereur Tacite fut averti de sa mort prochaine par
l'ombre de sa mère.

L'évocation au moyen du sang répandu se pra-
tiquait sous la République et l'Empire. Elle est
décrite par Cicéron, Horace, Pline, Lucain. Plusieurs empereurs, dont Néron et Caracalla, en
furent accusés. Maints temples d'Italie étaient
consacrés aux pratiques de la nécromancie.

*
* *

Si nous arrivons au moyen âge et aux temps
modernes, qui peut dire combien d'âmes sont
venues tourmenter les vivants ? Le pape Benoît XIV
a dit : « *Innumera sunt apparitionum exempla,
quibus sancti se æternam consecutos fuisse felici-
tatem ostenderunt* ».

Bien avant Swedenborg on a cru aux esprits.
Wallace cite les faits étranges arrivés dans l'antique palais de Woodstook, en 1649 ; ceux d'Isworth,
en 1716, dans la famille de Wesley, père du fondateur du Méthodisme ; le *revenant* de Cock Lane,
examiné par les Drs Johnson, Bishop, Percy ; les
phénomènes extraordinaires de la maison de
M. Jobson, dans le Suderland, en 1839, étudiés par
le Dr Clanny, membre de la Société royale, et

certifiés par seize témoins, dont cinq médecins.

Et Wallace ne parle que des exemples anglais. Que dire des autres, bien plus nombreux, cités par du Prel, Perty, Jung, Stilling et autres auteurs de tous pays?

Ludovic le Maure se fit présenter un jeune homme dont la présence rendait les esprits visibles *ad faciem.*

John Bee, célèbre mathématicien et astronome à la cour de la reine Élisabeth, a eu une longue série de séances spirites avec le médium Kelley, et il en a conservé les comptes rendus, publiés par Casaubonus en 1659. Cardan et Benvenuto Cellini avaient des facultés médianimiques. Le premier dit s'être entretenu avec les esprits élémentaux, et le second avoir évoqué les mauvais esprits.

Sorciers modernes. — Voyons les croyances de nos populations campagnardes à ce sujet.

On lit dans le livre de Pitré sur les *Traditions populaires de Sicile :* « Les paysans de Sicile adorent les âmes des condamnés, croient qu'elles soutiennent les faibles contre les voleurs de nuit, dont elles diminuent les forces. Ces âmes errent la nuit sous un aspect humain, répondent à qui leur parle, donnent des conseils, surtout en été. Les âmes de ceux qui ont péri par suicide ou assas sinat errent en se lamentant dans les lieux où ils sont morts. Pour se soustraire à ces peines, elles

cherchent à entrer dans le corps des vivants aux
environs de minuit... Les esprits apparaissent de
minuit à six heures du matin... »

, Les populations des Vosges ont un grand culte
pour les morts. On sert à table le jour de la Tous-
saint une bouillie de millet en l'honneur des âmes
du Purgatoire. On croit que les esprits vont en
procession le jour des Morts, où personne ne sort,
de peur de les rencontrer.

En Bretagne, l'on croit que les esprits reviennént
sur terre pour châtier les vivants et faire péni-
tence. Ce dernier cas est celui des prêtres fraudeurs de messes et des infanticides. Les débiteurs
reviennent pour payer leurs dettes ; les morts non
enterrés pour avoir une sépulture. Les esprits
n'apparaissent qu'à ceux qui sont spécialement
choisis, c'est-à-dire aux médiums.

*
* *

Là aussi remarquons, comme pour les sorciers,
la singulière uniformité dans le temps et dans
l'espace de la croyance à l'action des esprits, à la
possibilité pour eux de connaître l'avenir, de renseigner sur les personnes et les faits éloignés,
d'aider les vivants dans les circonstances doulou-
reuses. Remarquons aussi l'analogie dans la façon
de les évoquer : toujours au lieu de leur mort ou
de leur sépulture ; dans un réduit obscur, fermé

d'étoffes ou d'écorce ; par des chants (incantations)
ou des formules spéciales ; de nuit ou peu avant
l'aube, et surtout à l'aide de personnes douées de
certains pouvoirs, médiums, sorciers, prophètes,
fakirs, lamas, ayant un caractère sacré. Ces res-
semblances des pratiques spirites, en tous temps
et pays, est un critérium de la vérité des phénomènes.

On dédaigne les croyances du peuple et des
sauvages. Mais, s'ils n'ont pas les puissants moyens
du savant, sa culture, son intelligence, ils y suppléent par une expérience séculaire, dont les
résultats accumulés finissent par être supérieurs
à ceux des plus grands génies scientifiques. C'est
ainsi que l'influence de la lune et des météores sur
les êtres vivants, de l'hérédité morbide, de la
contagion tuberculeuse, etc., ont été reconnues
par les foules ignorantes, bien avant les savants
qui s'en moquaient et qui s'en moquent peut-être
encore.

ÉPILOGUE

CHAPITRE XIV

Esquisse d'une biologie des esprits.

Tous ces faits qui, pris isolément, semblent incertains, tirent leur force de leur nombre et de leur concordance.

Les phénomènes de l'hypnose, transmission de pensée, transfert des sens, etc., supposent la désagrégation et l'inhibition des centres cérébraux, du lobe droit surtout, d'où l'automatisme et l'activité à gauche. Il semble qu'il en soit de même, avec plus de régularité encore, des phénomènes médianimiques. L'existence du double, d'une atmosphère fluidique entourant notre corps physique et parfois s'y substituant, explique nombre de phénomènes hypnotiques : vision à distance, transfert des sens, et surtout certains phénomènes médianimiques : vision dans la léthargie, dans l'obscurité, mouvements de corps à distance du médium

et sous son influence, et aussi sa bilocation. Ici le
grand rôle du médium, aidé par les énergies des
assistants qui se sentent affaiblis après les séances,
est prouvé par une série d'expériences scientifiques précises et aussi par l'expérience millénaire
des nations anciennes, des sauvages actuels et des
foules ignorantes.

Mais il y a des phénomènes que ces influences
des vivants ne suffisent pas à expliquer. Ainsi la
prémonition; l'avis de mort ou de maladie, donné
à distance et à plusieurs personnes à la fois, au
moment même où le fait se passe ; les matérialisations de plusieurs êtres agissant simultanément en
plusieurs directions; la force ou l'intelligence
extraordinaires manifestées par des personnes faibles ou incultes, par des enfants de quelques mois
par exemple; les phénomènes de lévitation, incombustibilité, apparition ou disparition à travers les
corps opaques, et autres, qui supposent un espace
à quatre dimensions.

C'est que, à l'influence du médium, il se mêle
une autre influence, admise de tout temps, celle
des défunts, lesquels se manifesteraient, soit en
cas de médiumnité, soit en cas de léthargie et agonie, états de désagrégation nerveuse, tantôt par
des bruits, des mouvements d'objets et des voix,
tantôt par des apparitions de mains, têtes et, plus
rarement, de corps entiers. Ces êtres manifestent
provisoirement, au contact et aux dépens du

médium, presque toutes les fonctions des êtres vivants, bien qu'ils n'aient qu'un corps fluidique. L'étroit rapport de ces êtres avec les défunts est prouvé par divers signes d'identité, comme noms, circonstances et détails confirmés par la suite, et impression sur plaques photographiques couvertes, laquelle indique leur nature radioactive et montre qu'il n'y a pas suggestion. Ajoutons leur action, bien personnelle et indépendante du médium, sur les personnes et sur les instruments de précision.

* * *

Les faits concernant l'activité des esprits sont désormais si nombreux qu'il nous est possible d'en essayer une reconstruction synthétique.

Les esprits se manifestent sous formes de lumières, ou bien de membres et de figures, rarement de personnes complètes. Ces apparitions semblent, comme Stasie. formées de globules lumineux, d'autant plus condensés que la matérialisation est plus complète, et elles se forment aux dépens du corps du médium, dont elles absorbent les parties essentielles.

Crookes et Richet ont en effet constaté, chez les fantômes observés, la température du corps vivant, les battements du cœur et des artères, la respiration normale et même l'émission d'acide carbonique. Si l'on frappe le fantôme, c'est le médium qui

ressent la douleur à la partie correspondante du
corps, comme si c'était lui, et non l'apparition, qui
était frappé.

La formation des fantômes est précédée d'une
nuée lumineuse, qui apparait sur le sol, ou sur la
tête et le ventre du médium, nuée qui se condense
de plus en plus et finit par prendre une forme
humaine. Elle s'écarte parfois du médium ou du
cabinet noir, pour marcher devant l'assistance,
gesticuler, plus rarement parler, pendant que le
médium est en pleine léthargie.

« J'ai l'impression, à peine entrée dans le cabinet médianimique, — dit Mlle d'Espérance, —
d'être couverte de toiles d'araignées (impression.
ressentie par tous les médiums et même par les
contrôleurs); puis je sens que l'air se remplit de
substance, et une sorte de masse blanche et vaporeuse se forme à la hauteur de mon ventre. Elle
s'agite en tous sens, quelques minutes et parfois
une demi-heure, puis brusquement s'arrète et se
transforme en un être humain. »

Les fantômes sont vêtus d'un tissu blanc très
fin, parfois double, triple et même quadruple,
qu'ils disent emprunter aux vêtements du médium.
Ce tissu médianimique est nécessaire, comme
Katie King l'a dit à Crookes, pour contenir leur
organisme fluidique et l'empêcher de se dissoudre
à la lumière. Maints fantômes conservent. dans
leur façon de s'habiller, la mode de leur temps et

de leur pays, ce qui nous donne une nouvelle preuve de leur identité. Lorsqu'ils ont peine à se former, à se « solidifier, » dirais-je, ils ont recours aux forces réunies du médium et des assistants, ainsi qu'aux objets environnants, surtout au rideau du cabinet, dont ils enveloppent leurs mains, bras et tête, avant de les montrer, ce qui fait qu'on les devine par leur relief et leur contact plus qu'on ne les voit.

Nous avons vu les résultats intéressants obtenus en étudiant les poids comparés du médium et des fantômes. Ils prouvent que les esprits se matérialisent aux dépens du médium, dont ils prennent le poids et même le volume, et, au dire de Stasie, aux dépens aussi des personnes non médiums avec lesquelles ils peuvent entrer en rapport.

Le colonel Olcott et Aksakoff, expérimentant avec le médium Mlle Compton, ont noté la disparition de ce médium à l'apparition du fantôme de la jeune K. A mesure que celle-ci se formait, le poids de Mlle Compton diminuait; à mesure que le fantôme se dématérialisait, elle reprenait graduellement son poids primitif.

Mlle d'Espérance voyait disparaître ses jambes à l'apparition de Yolande. Toutefois elle sentait encore de la douleur en frappant à leur place, ce qui indique la persistance de membres invisibles. Cette disparition des extrémités inférieures du médium pendant la matérialisation des fantômes a

été nettement vérifiée par Aksakoff et autres
témoins sur les médiums précédents. Bozzano et
Vezzano l'ont également constatée chez Eusapia.

Dans les maisons hantées à la suite de morts
violentes anciennes, les esprits peuvent, semble-
t-il, provoquer surtout des bruits et des mouvements, moins souvent des effets psychiques, et
plus rarement encore des matérialisations. Ces
dernières reproduisent les formes, souvent tron-
quées, des défunts. Elles ont lieu sans médiums
voisins, mais sous l'influence de médiums lointains. Il semble que dans ce cas les esprits se
choisissent eux-mêmes des médiums inconscients,
ce qui explique que les phénomènes de ce genre
de maisons hantées puissent se répéter des siècles
sans médiums connus. Il semble que l'agonie et
la léthargie provoquent des phénomènes analogues, d'ailleurs plus souvent remarqués, comme
si elles produisaient une médiumnité momentanée.

Les formes humaines que prennent les esprits
en se matérialisant ne répondent pas à celles de leur
vie spirituelle. Ce ne sont que des formes provisoires,
prises pour se faire connaître de nous, par suite
très variables, et ordinairement semblables à celles
qu'avaient les défunts de leur vivant. Les esprits
peuvent emprunter la physionomie, la voix, les gestes
du médium ; prendre plusieurs aspects en une même
séance ; en garder un, bien déterminé et en rapport

24

avec leur caractère, pendant des mois, comme Walter, et même des années, comme Katie King.

Les esprits peuvent transmettre au médium leur faculté de transformation. Allan Kardec parle d'une jeune fille de quinze ans, médium pouvant prendre figure, stature, volume et poids de plusieurs défunts, surtout de son frère. Le médium Mme Crookes vit un soir son propre visage changé, couvert d'une épaisse barbe noire, et son gendre y reconnut son père mort. Elle prit ensuite la figure d'une vieille aux cheveux blancs, gardant sa conscience pendant ces transformations, mais sentant dans tout le corps des secousses électriques.

Les esprits sont attirés vers leurs anciennes demeures ou vers leurs tombes, et le fait de visiter ces dernières favorise leur apparition.

Dans les cimetières ou dans les lieux où il y avait eu des morts violentes, Stainton Moses a vu un grand nombre de fantômes s'agitant sous l'influence de sa médiumnité. C'est ce qui explique (ce que la chimie n'a pu faire) la fréquence dans les cimetières des feux follets, dont le retour à heure fixe et dans une direction toujours la même semble exprimer une véritable volonté.

Les fantômes se dissolvent à la lumière vive, telle la cire à la chaleur, comme on l'a vu à deux expériences avec Katie King. C'est pourquoi ils ne se manifestent presque jamais de jour.

En présence d'un médium et sous l'influence de

la colère ou de la vanité offensée, ils peuvent développer au dynamomètre une force de 80 à 90 kil. et parfois de 100 à 110.

Ils manifestent, souvent à grande distance des médiums et avec des médiums très faibles, une force capable d'ouvrir des portes et des fenêtres très lourdes, dans les châteaux hantés, de lancer des pluies de grosses pierres, même de bas en haut, etc. Mais leurs révélations mêmes montrent que ces forces baissent rapidement.

Leur vitesse de translation est très grande. Les deux Pansini de Bari ont fait 45 kilomètres en 15 minutes.

Les fantômes peuvent impressionner, comme nous l'avons vu, les plaques photographiques. L'un d'eux a laissé l'empreinte de quatre doigts sur une plaque enveloppée de trois feuilles de papier noir.

Tout ceci et d'autres phénomènes mentionnés plus haut, décharge de l'électroscope, globes lumineux vus aux séances et photographiés, et le fait que les fantômes couvrent leurs corps fluidiques de tissus spéciaux, nous a conduit à l'hypothèse que leur constitution moléculaire doit être analogue à celle des corps radiants.

Ils parlent rarement et sous forme laconique et tronquée ; ils sont souvent, semble-t-il, forcés de s'interrompre, ajournant la suite à une autre fois ; le plus souvent ils s'expriment par signes et gestes.

Fréquemment leurs communications prennent

une forme symbolique, rappelant les oracles antiques. Par exemple, Mlle Walt, médium peintre, se sent un jour contrainte, pendant une *trance*, de dessiner trois petits anges au milieu de plantes de l'Inde. Ce même jour mouraient dans ce pays trois enfants d'un ami.

Entre autres exemples de prémonitions recueillis par Bozzano, une mère voit tomber les ailes d'un oiseau volant dans une plaine déserte ; peu après, elle perd son enfant. Une autre personne voit un cercueil dans la maison d'un parent, et celui-ci ne tarde pas à mourir.

Chaque esprit a ses formes propres de *raps* et de signes, imitant le télégraphe Morse et lui permettant d'approuver ou contredire les assistants, ou de reproduire les coups des contrôleurs. Les *raps* s'entendent même en pleine lumière, parfois à deux et trois mètres du médium, déterminant chez lui et les assistants une certaine fatigue. On en entend jusque dans les salles de restaurants, les maisons, les musées, devant les portraits des grands hommes, sur les lits, étoffes, livres, au bout du crayon du médium écrivain, etc. L'intensité des raps est indépendante de leur distance au médium et, tandis qu'elle est en rapport avec les mouvements du médium ou des assistants, elle n'a aucune relation avec la force de ces mouvements.

Il semble en général que les esprits aient un vif désir de se faire connaître aux vivants. Les insuccès les excitent à de nouvelles tentatives, tandis que le succès fait cesser parfois leurs communications.

Pour ces dernières ils ont chacun leurs moyens, en rapport avec leurs habitudes. Par exemple ils peuvent contraindre par la force le vivant à leur servir de médium. Nous avons cité le cas du Dr Dexter obligé à se convertir au spiritisme et à se prêter aux séances, par les persécutions féroces des esprits.

Les membres de la famille Fox, obsédés par les raps, accusés de fraude, excommuniés par l'Église, essaient d'échapper aux esprits en changeant de maison et de ville. Mais les coups se renouvellent et les esprits déclarent qu'ils ne cesseront qu'après acte de foi en leur existence.

Un certain Spin s'était communiqué plusieurs fois aux séances de Moses, afin d'être reconnu. Dès qu'il fut établi qu'il était le frère d'une certaine S. P..., morte depuis treize ans, il cessa de se manifester.

Malgré leur vif désir d'entrer en rapport avec nous, pour montrer leur pouvoir, ou avoir des nouvelles des amis et des faits d'ici-bas, qu'ils paraissent ignorer dans l'au delà, les esprits n'aiment guère découvrir leurs noms. Ils en donnent presque toujours de faux, en communication typtologique, ou prennent des pseudonymes, parfois étranges, comme Impérator et Rector aux séances du médium Moses, Finoit et Pelham

à celles de Mme Piper. Toutefois quelques-uns ont
fini par se nommer dans l'intimité.

Contrairement à S. Moses, il semble que l'esprit
du défunt récent ait peine à se manifester. Pelham
a parlé à Mme Piper de l'état d'étourdissement et de
trouble qui suit la mort, chose naturelle, vu le
changement complet des conditions d'existence.

Pelham a dicté à propos du moment de sa
mort : « Tout s'obscurcissait pour moi, puis la
conscience revint, mais crépusculaire, comme au
premier moment du réveil. Dès que je compris
que je n'étais pas mort tout à fait, je m'en
réjouis. »

Altkin Morton, qui se suicida de désespoir, dit
que, une fois mort, il ne reconnut personne et ne
se souvint des siens que bien plus tard.

Il semble que, dans les cas de mort soudaine,
surtout jeune, les défunts refassent les gestes et
actes habituels de leur vivant. Ainsi, après le
récent naufrage d'un bâtiment de guerre, l'esprit
d'un homme de l'équipage déclara dans une
séance, à Londres, que les fantômes des marins
naufragés répétaient au fond de l'eau les manœuvres
qu'ils faisaient vivants à la surface. Cette asser-
tion fantastique est confirmée par les légendes
populaires et par les phénomènes des châteaux
hantés.

Un domestique, noyé près de la villa de son
maître, m'a communiqué que son fantôme allait

toutes les nuits nettoyer la vaisselle et s'acquitter des autres occupations d'avant sa mort.

D'après Stainton Moses, les âmes conservent dans l'au delà leurs appétits et désirs, même mauvais, et cherchent à les satisfaire. Les méchants morts poussent au mal les vivants, malgré les efforts des âmes bonnes qui s'y opposent. C'est pourquoi maintes personnes, surtout médiums, sont victimes des esprits, qui les persécutent de toutes façons, leur jettent de l'eau, brûlent vêtements et meubles. C'est ainsi que, à Pétersbourg, Phels recevait souvent des pluies de pierres sur sa voiture. Comme il notait chaque jour ces persécutions sur un carnet, les esprits le lui abîmèrent. Ses papiers renfermés dans une boîte brûlèrent spontanément au dedans de celle-ci.

Les esprits conservent la mentalité et le caractère qu'ils avaient de leur vivant. Ainsi le fantôme de Vincent, dont nous avons parlé plus haut, se montra violent et luxurieux, malgré le caractère doux et honnête du médium, insultant les assistants, blasphémant, et tel il avait été de son vivant.

Les communications des fous sont incohérentes et folles, comme l'a remarqué Hodgson.

Faihofer m'a parlé d'esprits contrariant les séances, offensés de ce qu'on consulte un autre esprit à leur place. Si l'on ne prend pas au sérieux la communication d'un esprit, il s'irrite, cesse tout rapport, répond par des épigrammes ou joue divers tours.

Les fantômes d'enfants ont le geste et le langage enfantins. Mais, si la mort est ancienne, ils parlent et agissent comme des hommes, preuve que l'inconscient du médium ou des assistants n'a pas de part à ces communications.

Il résulte de communications faites à Mlle d'Espérance que les esprits ignorent le présent, puisqu'ils désirent et demandent des nouvelles de leurs proches, tandis qu'ils connaissent et prévoient l'avenir.

Il semble qu'ils n'aient pas les notions de la durée et de l'étendue, ou bien qu'elles prennent chez eux une autre modalité. On le comprend pour l'étendue, les distances n'existant guère pour les esprits, qui franchissent des centaines de kilomètres en quelques minutes. Pour la durée, nous avons vu qu'ils ne connaissent que l'avenir. C'est pourquoi leurs communications confondent l'avenir avec le présent. Par exemple, Finoit dit à Lodge que son fils a mal au doigt, et ce mal se déclare quelques jours après. Pelham annonce que telle personne lointaine fait telle chose, et il se trouve qu'elle la fit le lendemain.

D'autre part, il semble que les esprits n'oublient pas les objets qui leur ont appartenu de leur vivant. Ces objets les attirent d'autant plus qu'ils les ont possédés plus longtemps, qu'ils leur ont été

plus chers, et surtout parce qu'ils leur servent de
points de repère, dans la grande confusion de leur
mémoire, en favorisant les associations d'idées.
Mme Piper, dans son jargon spirite, les nomme
influences. Ils jouent le rôle des objets (cheveux,
lettres, etc.) que l'on met aux mains des somnambules pour leur faciliter le souvenir du passé et la
prédiction de l'avenir du consultant.

D'après les esprits Finoit et Impérator, ces
influences donnent beaucoup de renseignements
aux esprits qui se communiquent, fixent leurs
idées, les empêchent de s'écarter du sujet et d'être
incohérents.

L'intelligence des esprits, même de ceux qui
en eurent une grande de leur vivant, est fragmentaire et incohérente, parce qu'ils doivent se
servir du cerveau des vivants. Ceux qui étaient
morts depuis longtemps paraissaient à Moses
comme étourdis en revoyant les scènes de la
terre.

« Dans la trance, tout comme dans le rêve —
dit l'esprit Pelham — le corps éthéré du médium
sort de son corps physique et laisse vide le cerveau, dont nous pouvons alors nous emparer.
Votre conversation nous arrive comme par un
téléphone lointain. Dans l'atmosphère pesante de
votre monde, la force nous manque souvent, surtout à la fin des séances. »

L'esprit de Robert Hyslop dit à son fils vivant :

« Je m'interromps, je dois partir, les forces me manquent, je ne sais plus ce que je fais ».

Pelham dit avec insistance : « Pour avoir de nous des communications claires, il ne faut pas nous étourdir de questions. Pour se manifester à vous, les esprits se mettent dans une ambiance qui les incommode. Ils sont dans un état de demi-délire comme s'ils avaient reçu un grand coup sur la tête. Il faut les calmer, les encourager, les rassurer, après quoi leurs idées s'éclaircissent tout d'un coup. »

« Pour nous mettre en communication avec vous, — dit Hyslop, — il nous faut pénétrer dans votre sphère. C'est pourquoi nous commettons des erreurs et sommes incohérents. Je suis aussi intelligent que dans ma vie terrestre ; mais la difficulté de m'entretenir avec vous est très grande, car il me faut rentrer dans un corps où je me trouve comme en rêve. C'est pourquoi il faut me pardonner mes erreurs et mes lacunes. »

Au dire de Pelham, les morts récents, même les plus intelligents, font des communications incohérentes et inexactes, à cause de la grande secousse de la désincarnation et de l'arrivée dans une ambiance nouvelle, où ils ne comprennent rien tout d'abord. Leur inaptitude à se servir de l'organisme du médium est grande au début, mais peu à peu ils en prennent l'habitude.

C'est que toute la lumière vient du médium aux

esprits. « Quand Mme Piper est en trance, — dit l'esprit Finoit, — je m'empare d'elle. Le médium est pour nous comme un phare; vous autres, non médiums, vous êtes pour nous obscurs, comme si vous n'existiez pas; lorsque nous vous voyons, c'est comme au milieu de chambres obscures, éclairées par de petites fenêtres, qui sont les médiums. »

Aksakoff demandait à un esprit : « Puisque tu prétends avoir un organe visuel, comment se fait-il que tu ne puisses voir sans le médium ? » L'esprit lui fit cette réponse très sensée : « J'y vois, mais nos sensations sont, qualitativement et quantitativement, différentes des vôtres; autre chose est de voir une chose pour moi, autre chose de la voir de façon à vous la faire comprendre. Il me faut pour cela la voir comme tu la vois, et c'est pourquoi j'ai besoin du médium. »

S'il est difficile de s'exprimer par le moyen d'un interprète, il l'est encore plus de faire comprendre par son intermédiaire les couleurs à un aveugle. Le consultant et l'esprit sont comme deux prisonniers, l'un aveugle et l'autre sourd, voulant communiquer à travers une porte. De là l'obscurité et l'incohérence de bien des communications spirites. « Si je me trompe souvent, — dit Pelham, — c'est que je me sers d'un organisme qui n'est pas à ma mesure. » Bien des génies ont fait des communications indignes d'eux, tout comme lorsque nous croyons avoir en rêve des idées sublimes, que nous trouvons absurdes au réveil.

C'est que les esprits, même élevés, se fatiguent vite en se communiquant. Comme l'a remarqué Hyslop, tels qui se montrent très lucides au début des communications, finissent par s'embrouiller et s'arrêtent, par impuissance à lier leurs idées. De là la nécessité des esprits-guides, âmes évoluées qui dirigent les communications.

Bon nombre d'esprits sont sincères, mais bien d'autres trompent à dessein. Beaucoup d'esprits ne peuvent s'orienter que dans un cercle intime de personnes connues. Le médium Moses, lorsqu'il changeait de cercle spirite, n'obtenait que des communications illusoires et fragmentaires. Il en fut informé typtologiquement et, dès qu'il se restreignit à un petit groupe d'intimes, il ne cessa d'obtenir des communications importantes.

Les esprits, lorsqu'ils dictent aux médiums écrivains, reprennent rarement leur écriture, sans doute à cause de l'action prédominante de l'hémisphère cérébral droit du médium. Les mots obtenus sont souvent à l'envers : latipô pour hôpital. On trouve en somme dans les communications beaucoup d'erreurs involontaires ou non de la part des esprits ; de là la défiance qu'elles inspirent à bien des personnes.

Aux séances du médium Mme Piper, en présence de Hyslop et de Hodgson, lorsque se manifestait l'esprit Rector, on obtenait parfois des noms anglais inexacts. L'esprit Carruthers par exemple se faisait appeler Charles, Clarke, Clarake, etc.

Hyslop a fait une statistique des communications obtenues dans quinze séances avec Mme Piper. 152 sont véridiques, 16 fausses, 37 douteuses. Sur les 927 faits de détail cités, 717 sont exacts, 43 faux, 167 incertains.

Nombre de communications conservent le style et le caractère que l'esprit avait de son vivant. Impérator se montre toujours solennel et fier; Finoit, vaniteux et léger; Pelham, vif, intelligent, noblement ambitieux; Robert Hyslop parle toujours de ne pas se faire de mauvais sang, comme de son vivant.

D'ailleurs, si bien des communications avec l'Au-delà ont été jusqu'ici fragmentaires et incertaines, c'est que les moyens employés étaient grossiers et insuffisants. Mais ils se sont peu à peu perfectionnés. Aux coups sur les murs, inventés par les Fox, pour interroger les esprits, ont succédé les lettres de l'alphabet, puis, sur le conseil même des esprits, . la table plus commode que le mur; à la table on a attaché un crayon auquel on a adapté une planchette, enfin on a pris le crayon à la main. Les derniers progrès sont l'usage des méthodes graphiques et des instruments de précision, tambour de Marey, etc., pour l'étude psychologique et physiologique exacte des esprits, et surtout l'emploi de la *cross-correspondence* pour la preuve de leur identité.

Le rôle du médium est essentiel, car il possède un organisme complet que n'a pas l'esprit, lequel ne peut agir sans lui. Dans la *trance*, comme dans certains accès hystériques, la paralysie des centres nerveux ordinairement actifs réveille l'activité d'autres centres inactifs dans les conditions ordinaires. Ce réveil des centres ordinairement inconscients donne au médium des facultés extraordinaires, qu'il n'a que dans la trance et que n'a pas le commun des hommes. On peut s'expliquer par là qu'il puisse se souvenir de faits oubliés (cryptomnésie), lire dans la pensée des assistants, comprendre et parler des langues étrangères ignorées (xénoglossie).

Mais cette action de l'inconscient n'explique pas que le médium puisse manifester ce qu'il a toujours ignoré, développer une force décuple de sa force ordinaire, prédire l'avenir, écrire un roman sans avoir fait d'études, sculpter et peindre sans éducation artistique et sans l'aide d'artistes, communiquer des faits ignorés, écrire avec le caractère et le style de défunts inconnus des personnes présentes. On ne peut se rendre compte de tous ces faits qu'en admettant que, à la force du médium, vient s'en associer une autre qui, bien que momentanée, possède les facultés, absentes chez les vivants, de lire l'avenir, s'improviser artiste, etc.

CHAPITRE XV

Fraudes inconscientes et Télépathie.

Après tout ce que je viens de dire, je crains que le lecteur ne m'interrompe par la fameuse exclamation du cardinal d'Este : « Ne vous êtes-vous pas laissé tromper par la plus vulgaire des fraudeuses ? »

En effet, la première impression éprouvée en présence des phénomènes spirites est qu'il y a fraude, explication d'autant mieux accueillie qu'elle dispense de tout effort de pensée et d'observation.

Ajoutons que le phénomène spirite plus que tout autre se prête à la fraude et parait suspect. Les faits les plus importants ayant lieu dans l'obscurité, aucun observateur digne de ce nom ne peut accepter des faits se prêtant aussi mal au contrôle ; les médiums, involontairement ou non, sont enclins à la fraude, comme tous les hystériques ; lorsqu'ils sentent le fluide leur manquer, ils veulent y suppléer par des artifices, avec le minimum d'efforts ; parfois aussi, suggestionnables comme ils le sont, ils obéissent à la suggestion secrète d'un assistant, comme me l'a avoué Eusapia.

Nous ne parlons pas des faux médiums, fraudeurs professionnels, qui pullulent partout où l'on est curieux de spiritisme. Des ouvrages entiers, surtout américains, étudient l'arsenal des moyens de fraude : barbes postiches, masques, vêtements de mousseline fine, corps phosphorescents, sièges creux où le médium prend les masques, sièges à ressorts pour simuler la lévitation.

Nous avons vu qu'Eusapia ne fait pas exception à cette règle générale. Elle use de nombreux trucs en *trance* ou éveillée. Elle dégage par exemple une main du contrôle pour remuer les objets voisins ou toucher des personnes ; elle soulève lentement les pieds de la table avec le genou ; feignant de s'arranger les cheveux, elle en arrache un pour abaisser un pèse-lettre. Faihofer l'a vue cueillir des fleurs pour simuler des apports en profitant de l'obscurité. Des prestidigitateurs lui auraient appris divers tours, par exemple le moyen de simuler des figures humaines par le mouvement des deux mains entourées d'un foulard. Pourtant sa plus grande souffrance est d'être accusée de fraude, souvent à tort d'ailleurs. Il est avéré que des membres fluidiques se superposent à ses membres naturels, en accomplissent les fonctions et ont été pris injustement pour eux. On prend pour des fraudes des manifestations qui semblent y faire croire. Tels sont les appendices fluidiques, mains, bras ou pieds, sortant du corps du médium ou de sa robe, et qui dans l'obscurité peuvent être pris pour ses membres naturels. Tel est aussi le fait, récemment découvert par Ochorowicz, du fil médianimique, qui se forme et se dématérialise sous l'influence du médium, et qui jusqu'ici a été pris pour un fil véritable servant à frauder.

Les mouvements médianimiques n'ayant lieu ordinairement que dans l'obscurité, tout près du médium, ou en contact avec sa robe, on a pu croire à des artifices. Mais c'est à tort, car tous ces faits viennent de ce que l'élément fluidique se renforce dans l'obscurité et sous les voiles médianimiques, tels que les robes du médium ou les rideaux du cabinet, d'où partent si souvent les matérialisations.

Il est vrai que lorsqu'on se sert d'instruments de précision, pour mieux se rendre compte des phénomènes, ces derniers semblent se dérober. Dans des conditions identiques on n'a pas toujours des phénomènes identiques. Ainsi quelques rares médiums peuvent agir à la lumière, tandis que la plupart ne le peuvent pas. Ajoutons que le plus grand nombre d'entre eux sont d'une vulgarité qui contraste étrangement avec les manifestations surnaturelles, dont ils semblent donner la preuve, bien que ces manifestations soient parfois d'une vulgarité mêlée d'obscénité.

Il est facile de répondre à ces objections, qui ne

sont pas sans force. Puisque personne ne songe
à nier la photographie, bien que l'obscurité soit
nécessaire au développement des plaques, les
phénomènes médianimiques peuvent de même
être empêchés par la lumière. D'ailleurs, et c'est
un autre exemple de la contradiction qui caractérise
tout cet ordre de faits, il existe des médiums,
comme Home et Slade, qui ont pu opérer en plein
jour. C'est également en plein jour que les fakirs de
l'Inde obtiennent leurs phénomènes si surprenants
qu'on hésite à les exposer. Eusapia même, bien
qu'elle y répugne, a donné lieu en plein jour à des
phénomènes intéressants : action à distance sur
dynamomètre et balance, lévitation d'une grosse
armoire.

Ces actions sur la balance et le dynamomètre
prouvent que l'on peut appliquer avec avantage, à
ces phénomènes si réfractaires aux méthodes
scientifiques, les instruments de précision. Les
médiums y répugnent, il est vrai, et s'y opposent
de toutes façons. Mais ils ont bien le droit d'être
misonéistes comme tout le genre humain.

Richet a remarqué que les phénomènes sont
souvent contrariés ou interrompus par le changement de table ou par l'introduction d'une nouvelle personne dans la chaîne.

Pour ce qui est de la fraude, on a pris toutes les
précautions nécessaires. On a lié les pieds et les
mains d'Eusapia ; on l'a entourée d'un réseau de fils

électriques faisant retentir une sonnette au moindre de ses mouvements. La Société des Sciences Psychiques de Milan a enfermé nu dans un sac de laine le médium Politi. Mlle d'Espérance a été mise dans un filet, ce qui n'a en rien empêché l'apparition du fantôme Yolande. Miss Cook a été enveloppée d'un réseau électrique, de façon qu'elle ne pût agir sur un fantôme artificiel sans qu'on en fût averti. Et pourtant on a pu la photographier en même temps que le fantôme Katie King, lequel parla, écrivit, toucha les mains de plusieurs personnes, le médium restant en catalepsie.

Bien des expériences spirites ont le sérieux et l'importance de celles des sciences exactes, d'autant qu'on a pu les contrôler avec la photographie. On a pu médire des photographies spirites, dont bon nombre sont sujettes à caution. Mais on ne peut douter des photographies exécutées devant une commission de savants sérieux, comme Zöllner, Finzi, Aksakoff, Volpi, Falcomer, Carreras, etc.

On en peut dire autant de la typtologie. La plupart des médiums typtologiques sont désintéressés et non professionnels. Même ces phénomènes, pourtant les plus simples des phénomènes spirites, ne pourraient être imités sans études et sans exercices difficiles à dissimuler.

Il en est de même des médiums écrivains. Écrire tout en parlant avec un tiers, en changeant d'écriture et de style chaque fois que change

l'esprit qui se communique, n'est guère imitable;
et pourtant les médiums écrivains de ce genre se
comptent par centaines. L'imposture est à plus
forte raison impossible lorsque le médium écrit
une communication de la main droite, une autre
de la gauche, et en énonce à haute voix une troisième. La fraude est tout à fait invraisemblable
lorsqu'il s'agit de médiums écrivains enfants au
berceau.

Les prestidigitateurs n'ont réussi à imiter les
phénomènes spirites qu'à la condition qu'on n'exi-
geât pas d'eux les précautions prises avec les
médiums. C'est que le prestidigitateur ne fait que
le jeu qu'il a préparé. Il est inutile de lui en
demander un autre. Au contraire les phénomènes
que donnent les médiums sont souvent ceux que
l'on demande, bien qu'ils ne le soient pas toujours, l'intelligence occulte qui les produit ayant
aussi sa volonté propre.

La commission de la Société Dialectique de
Londres a fait surveiller les expériences des médiums par deux prestidigitateurs renommés. L'opinion que les phénomènes spirites sont imitables
est très répandue; mais ce n'est pas l'opinion des
prestidigitateurs. Jacob, du théâtre Robert Houdin,
et Bellachini, prestidigitateur de la cour de Berlin,
ont avoué au médium Slade qu'ils se sentaient
incapables d'obtenir avec leur art les mêmes phénomènes que lui. Bosco, autre fameux prestidigi-

tateur, riait fort à l'idée qu'on pût attribuer à son art les phénomènes de Home.

C'est la prévention que les phénomènes spirites sont faux qui a fait croire à de prétendues disqualifications des médiums. Il y a des illusions produites par l'incrédulité tout comme par la crédulité. Les incrédules sont dans un état d'attention expectante qui leur fait voir ce qui n'est pas ; s'ils ne le voient pas, ils le devinent ; ils comprennent tout, ils expliquent tout. Ils ont une telle peur d'être trompés qu'ils se trompent eux-mêmes ; pour éviter l'invraisemblable, ils inventent l'impossible.

Il en est des procès faits aux médiums, comme de leurs disqualifications. Le procès fait à Slade le fut dans l'intérêt de la science, et la condamnation était fondée sur des motifs tirés du cours connu de la nature : « Le cours connu de la nature exclut la possibilité des phénomènes spirites ; ce qui est impossible ne peut être que simulé, et les médiums sont des imposteurs ». La conséquence est que les spirites, croyant à la possibilité de l'impossible, sont des imbéciles. Aussi ne les a-t-on jamais cités comme experts, bien qu'ils fussent les seuls compétents ; cités comme témoins, on les écoutait sans les croire. Jugement en somme fondé sur un préjugé.

Pour ce qui est des imitations faites par de faux médiums ou par des prestidigitateurs, on peut

répondre que les perruques ne prouvent pas la
non existence des cheveux, les dentiers celle des
vraies dents, les fausses monnaies celle des
bonnes. Ayant vu moi-même des faits réels, il est
inutile que Tyndall vienne me dire qu'il y en a
beaucoup de faux. Je sais qu'on fabrique du faux
café avec la chicorée, les glands, les figues
sèches. Mais, ayant bu du vrai café, je suis à ce
sujet affligé d'une crédulité inguérissable. Il en est
de même des fantômes.

Télépathie. — Pour éviter l'intervention des
défunts, on a cherché d'autres explications. On a
dit, par exemple, que le médium tire du cerveau
des assistants la réponse aux questions, et même
les images des fantômes, qu'il projette ensuite au
dehors. Mais cette projection est bien invraisemblable et ne peut expliquer les pulsations, la chaleur, le poids et autres caractères d'êtres vivants
constatés chez les fantômes. Je puis bien admettre
que des assistants connaissant une langue étrangère ignorée du médium puissent lui transmettre
mentalement la connaissance momentanée de cette
langue, ainsi que d'autres connaissances, scientifiques et artistiques, manifestées par les médiums.
Il peut en être de tout ceci comme des croyances,
puisque le médium se montre athée dans un
groupe athée, religieux dans une assistance religieuse. Mais je ne comprends pas qu'il puisse tirer

des assistants ce que ceux-ci ignorent, comme dans le cas de Mme Piper parlant en langue hawaïe ignorée de toutes les personnes présentes.

Je comprends la télépathie dans le cas de S. Moses, obtenant l'apparition d'un ami, après avoir fixé la pensée sur lui avant de s'endormir, ou dans le cas de M. D., qui apparut à deux femmes après avoir désiré fortement se montrer à elles.

Mais, comme le remarque James Hyslop, la succession de plusieurs esprits, aux personnalités bien distinctes, se communiquant au médium, ne peut s'expliquer par la télépathie. Cette dernière est exclue par les erreurs mêmes des communications, erreurs qui s'expliquent bien mieux par la difficulté qu'ont les esprits à s'exprimer dans une ambiance qui leur est étrangère. Et comment les esprits perdraient-ils si souvent les notions de durée et d'étendue et la mémoire des noms, que les vivants conservent si bien? Preuve que la communication n'est pas une transmission télépathique de ces derniers.

La télépathie ne peut non plus révéler les faits futurs ou arrivés à un mort. Mme Meunier voit deux fois en rêve son frère décapité, la tête déposée sur son corps. Il avait été en effet tué par des rebelles chinois. Il est évident qu'il n'avait pu transmettre télépathiquement ce qui devait lui arriver après sa mort.

Le révérend V., tandis qu'il écrit à un ami pour le féliciter à l'occasion de son anniversaire, s'entend dire : « tu écris à un mort, » ce qui était exact, avertissement qui ne pouvait venir que d'un autre être.

Un pasteur de Nouvelle-Zélande était invité à une partie de pêche avec des amis, qui devaient venir le prendre au matin. Une voix intérieure lui dit de ne pas y aller et de s'enfermer si on vient le chercher. Avertissement véridique puisque la barque fut engloutie. Il n'a pu venir des amis inconscients du danger; il a donc été donné par des esprits connaissant l'avenir.

La télépathie est une arme à double tranchant. Si les fantômes des vivants rendent inutiles ceux des morts, ils les rendent également possibles. Si un vivant peut apparaître et agir là où n'est pas son corps, cela doit être aussi possible lorsque le corps n'existe plus; si le fantôme du corps peut se séparer du corps, il doit aussi lui survivre.

Autre argument contre l'objection tirée de la télépathie. Lorsque le fantôme vu et photographié ne ressemble pas au médium, il ne peut être une apparition du médium. Lorsque l'on voit se manifester simultanément plusieurs fantômes différents du médium, ils ne peuvent être une apparition de son double.

Morselli, en présence des fantômes du fils de Vassallo et de la fille de Porro, suppose qu'Eusapia a pu se renseigner à l'avance sur leurs caractères moraux et physiques, ou les lire dans l'inconscient des assistants et obéir au désir secret de ces derniers. Mais comment miss Edmonds et Eusapia ont-elles pu faire apparaître des fantômes amis de personnes venues de loin le jour même ? Comment Eusapia a-t-elle pu faire voir à Bozzano sa femme morte, qui l'avait tant fait souffrir de son vivant, et qu'il ne tenait certes pas à revoir ? Et pourquoi lui aurait-elle parlé en génois, dialecte inconnu d'Eusapia ?

Morselli objecte qu'il n'a pas complètement reconnu sa mère dans le fantôme apparu comme telle, à certains détails inexacts de langage, geste, etc. Mais pourquoi Eusapia n'aurait-elle pas lu dans l'inconscient de Morselli les caractères exacts, et pourquoi lui aurait-elle désobéi, puisqu'il répugnait à l'évocation de sa mère ? Il ne remarque pas, lui si compétent en la matière, que les esprits parlent souvent *nègre,* hésitent et se trompent, les premières fois qu'ils se manifestent, parce qu'ils ne savent pas encore se servir des organes du médium ; il ne voit pas non plus que la ressemblance des fantômes est souvent incomplète, parce qu'ils doivent partiellement emprunter les formes, gestes, etc., du médium. L'hypothèse de la télépathie, applicable à certains cas, devrait l'être à tous les autres ; si elle n'est pas vraie de tous, il faut admettre que les fantômes sont quelque chose de

plus que l'extériorisation de la pensée du médium
ou des assistants.

Inconscient. — L'hypothèse qui prétend expliquer les phénomènes dits spirites par l'inconscient
du médium n'est pas venue de l'observation que
ces phénomènes exigent un médium. Elle est bien
plus ancienne. D'après Plutarque, l'oracle de Tro-
phonius disait à Timarque que le démon de
Socrate n'était autre que son âme rationnelle
(*inconscient*). Cette explication, ressuscitée à notre
époque comme une nouveauté par Hartmann et
d'autres philosophes, est pour l: première fois
nettement exposée par le néoplatonicien Porphyre.
Après avoir observé que le prophète (*medium*) se
trouve dans un état pathologique, parfois artificiellement provoqué par des vapeurs toxiques, des
boissons alcooliques, etc., Porphyre ajoute : « Donc
la cause qui produit l'extase pourrait bien être une
affection mentale ou une folie pathologique produites par une surexcitation psychique analogue à
celle des veillées prolongées ou des excitants
pharmaceutiques. *Quant au démon dont on nous
parle, je soupçonne qu'il n'est autre qu'une partie
de l'âme humaine.* »

D'ailleurs maints phénomènes spirites trouvent
vraiment leur explication dans cet état singulier du
cerveau où, pendant que se paralysent certains
centres, d'autres, ordinairement inconscients, se

réveillent et manifestent une puissance merveil-
leuse. Telle est par exemple l'inspiration du génie,
qui, sous tant de rapports, ressemble à l'accès
épileptique. Lorsque cet accès se produit dans le
cerveau d'un vulgaire convulsionnaire, il en résulte
divagations, crimes, ou simplement spasmes moteurs; lorsqu'il a lieu chez un esprit puissant, on
a une œuvre géniale.

« Souvent, écrit Beaconsfield, je sens qu'il n'y a
qu'un pas entre l'intense concentration mentale et
la folie. J'ai peine à écrire ce que j'éprouve à ce
moment où mes sensations sont étrangement
aiguës et intenses; tout me semble animé, ma
conscience s'évanouit et je ne suis plus sûr que
j'existe. »

On trouve des confessions analogues chez saint
Paul, Nietzsche et Dostoïewski. « Quelque chose
s'ouvre tout d'un coup devant moi, dit ce dernier;
c'est comme si une lumière intérieure extraordinaire illuminait mon âme pendant quelques secondes. Il y a ainsi de courts instants où l'on perçoit
soudain la présence de l'harmonie éternelle. »

Et Berlioz : « Le vide se fait autour de mon sein
palpitant, et il me semble que mon cœur, aspiré
par une force irrésistible, va se dissoudre et s'épan-
cher au dehors. »

Et le grand Beethoven : « L'inspiration est pour
moi un état mystérieux, où le monde entier me
semble former une vaste harmonie, lorsque pen-

sées et sentiments résonnent en moi, lorsque
toutes les forces de la nature deviennent des instruments pour moi, lorsque je frissonne tout entier
et que mes cheveux se dressent sur ma tête ».

Ces cas prouvent que le maximum de fécondité
géniale coïncide avec le minimum de conscience.
Et c'est ce qui explique que des créations géniales
soient possibles dans les rêves des grands hommes.
On sait que Gœthe a résolu en rêve d'importants
problèmes scientifiques et trouvé de très beaux
vers. De même La Fontaine (*la Fable des plaisirs*),
Coleridge et Voltaire. Bernard Palissy a eu en
rêve l'inspiration d'une de ses plus belles céra-
miques. Les *Confessions* de Daudet et le livre de
Maury nous montrent des cas semblables ; de même
Nodier et Condillac. Kruger, Corda et Maignan ont
résolu en rêve des problèmes mathématiques.
Stevenson dans *Chapter on drams* affirme qu'il a
composé en songe ses nouvelles les plus origi-
nales. Tartini a eu en rêve l'une de ses plus puis-
santes inspirations musicales, la fameuse *Sonate
du diable*. Jean Dupré a de même conçu en dormant son beau groupe de la Pitié.

Ce grand rôle du rêve chez le génie s'explique,
comme nous l'avons vu, par celui de l'inconscient ;
et la prédominance de ce dernier explique précisément les distractions et amnésies, si fréquentes
chez le génie, et analogues à celles des épileptiques.

Mais inconscient n'est pas synonyme d'inexistant. L'état d'inconscience peut réveiller et réunir en une synthèse féconde des idées et des faits plus ou moins oubliés, mais il ne peut susciter ce que l'on n'a jamais su.

Admettons, avec Flournoy, que Mme Smith, lorsqu'elle prétend parler la langue de la planète Mars, est simplement suggestionnée par de vieux souvenirs d'elle-même ou des personnes présentes ; admettons aussi que l'exaltation de la trance spirite organise chez elle et développe les notions qu'elle a sur l'Inde ou sur Marie-Antoinette, tout comme l'excitation de l'inspiration géniale fait surgir des idées assoupies et fragmentaires et donne lieu à une découverte. Mais il est impossible d'admettre que les vers sanscrits, dictés par Mme Smith, s'expliquent par l'inconscient et la cryptomnésie, insuffisants dans ce cas, étant donné qu'elle n'avait jamais vu qu'un instant la couverture d'une grammaire sanscrite. Il est également inadmissible qu'elle ait pu reproduire exactement la signature ancienne (1839) du maire et du curé d'un village, par le fait seul qu'elle avait été se promener dans une vallée voisine.

Lorsqu'un médium en trance parle chinois ou polynésien devant des personnes ignorant ces langues, on ne peut avoir recours à l'inconscient, lequel ne peut élaborer que des connaissances acquises, qui dans ce cas n'existent chez aucun des assistants.

De même pour la cryptomnésie. Lorsque je me trouve par exemple vers 2.000 mètres d'altitude, je me souviens de vers italiens, latins, grecs, oubliés depuis longtemps ; mais je sais les avoir lus autrefois. Dans les rêves qui suivent l'intoxication intestinale, je me rappelle bien des mauvais moments de ma vie passée, avec leurs particularités précises oubliées ; mais je sais que ce sont des souvenirs de faits réellement arrivés. Ainsi dans le rêve l'inconscient rappelle et reconnaît ce que la conscience ne sait plus.

FIN

TABLE DES MATIÈRES

ÉPILOGUE

9144 — Paris. — Imp. Hemmerlé et Cⁱᵉ. — 9-10.

ERNEST FLAMMARION, ÉDITEUR, 26, RUE RACINE, PARIS

BIBLIOTHÈQUE

DE

PHILOSOPHIE SCIENTIFIQUE

Publiée sous la direction du Dr Gustave Le Bon

Collection in-18 jésus à 3 fr. 50 le volume

1re Série. — Sciences physiques et naturelles

BOINET (E.), *Professeur de Clinique médicale*. — **Les Doctrines médicales. — Leur Évolution.**
La nécessité d'une doctrine directrice s'impose à la médecine, qui est à la fois un art par ses applications et une science par ses moyens d'étude. — Un vol.

BONNIER (Gaston), *Membre de l'Institut, Professeur à la Sorbonne*. — **Le Monde végétal.**
Dans *Le Monde Végétal*, l'auteur, avant tout, expose les faits qui éclairent la philosophie des sciences naturelles; il commente et discute les idées que les savants ont émises sur les végétaux. — Un vol. ill. de 230 fig.

BOUTY (E.), *Professeur à la Faculté des Sciences*. — **La Vérité scientifique. — Sa Poursuite.**
Mettre en lumière les caractères généraux de la vérité scientifique et le rôle que jouent l'expérience et le raisonnement dans sa découverte, tel est l'objet essentiel de ce livre. — Un vol.

BRUNHES (Bernard), *Directeur de l'Observatoire du Puy de Dôme*. — **La Dégradation de l'Energie.**
Quand le public cultivé parle de « conservation de l'énergie », il croit en général à la conservation de « l'énergie utilisable » ou de la « capacité de produire du travail ». Non content de dénoncer, une fois de plus, le contre-sens si usuel, l'auteur a voulu dans ce livre en rechercher les origines historiques et en expliquer la genèse. — Un vol. illustré.

COMBARIEU (Jules), *Chargé du Cours d'Histoire musicale au Collège de France*. — **La Musique. — Ses Lois, son Evolution.**
Dans ce travail, l'auteur ne s'est pas contenté d'exposer en langage très clair, avec exemples à l'appui, les *lois* de la musique:

il les explique, en rattachant un état donné dè l'art et de la théorie à l'état correspondant de la vie sociale. — Un vol. illustré.

DASTRE, *Professeur de Physiologie à la Sorbonne, Membre de l'Institut.* — **La Vie et la Mort.**

Ce livre traite des questions relatives à la Vie et à la Mort au point de vue de la philosophie et de la science. — Un vol.

DELAGE (Yves) et **GOLDSMITH (M.).** — **Les Théories de l'Evolution.**

Le lecteur s'arrêtera avec plaisir sur une question qui intéresse l'humanité entière en raison de ses applications aux théories sociologiques. — Un vol.

DEPÉRET (Charles), *Doyen de la Faculté des Sciences de Lyon.* — **Les Transformations du Monde animal.**

Ce livre est destiné à exposer ce que nous savons, actuellement, des lois qui ont présidé aux transformations du monde animal, depuis l'apparition de la vie sur le globe jusqu'à nos jours. — Un vol.

ÉRICOURT (Dr J.). — **Les Frontières de la Maladie.**

Les frontières de la maladie, ce sont toutes les maladies qui laissent aux patients les apparences de la santé, et qui, par cela même, sont abandonnées à leur libre évolution dans leur phase maniable par l'hygiène, jusqu'à leur transformation en états graves, contre lesquels la thérapeutique est alors le plus souvent impuissante. — Un vol.

— L'Hygiène moderne.

Sous une forme toute nouvelle, l'auteur présente aux lecteurs un ensemble d'idées générales capables de les guider avec sûreté pour la solution de tous les problèmes concernant la conservation et la protection de leur santé. — Un vol.

HOUSSAY (Frédéric), *Professeur de Zoologie à la Sorbonne.* — **Nature et Sciences naturelles.**

Ce nouveau livre, accessible à tous les esprits cultivés et réfléchis, a pour noyau la plus originale tentative pour montrer, dans l'édification de la science, la continuité de pensée depuis l'antiquité jusqu'à notre époque. — Un vol.

LAUNAY (L. de), *Professeur à l'École des Mines.* — **L'Histoire de la Terre**

Faire une *Histoire de la Terre*, qui soit, à proprement parler, une Histoire, c'est-à-dire qui raconte simplement les faits du passé dans leur succession chronologique et qui ne devienne pas, pour cela, un roman, tel est le but difficile que s'est proposé M. DE LAUNAY. — Un vol.

— La Conquête minérale.

Le but de cet ouvrage est d'étudier le rôle industriel, économique, social et politique de la richesse minérale dans l'histoire, en indiquant l'évolution subie, dans son mode de découverte, d'extraction et d'application dans l'industrie. — Un vol.

LE BON (Dr Gustave). — L'Évolution de la Matière.

Cet ouvrage présente un intérêt scientifique et philosophique considérable. L'auteur y a développé les recherches nombreuses que sous ces titres : *La Lumière Noire, La Dématérialisation de la Matière*, etc., il a publié depuis plusieurs années. — Un vol. illustré de 65 gravures photographiées au laboratoire de l'auteur.

— L'Évolution des Forces.

Ce livre est consacré à développer les conséquences des principes exposés par Gustave LE BON dans son ouvrage l'*Évolution de la Matière*, dont le 18e mille a paru récemment. — Un vol. illustré de 42 figures.

LE DANTEC (Félix), *Chargé de Cours à la Sorbonne.* — **Les Influences Ancestrales.**

L'auteur montre comment, de la seule notion de la continuité des lignées, on conclut sans peine aux principes de Lamarck et Darwin. Le premier livre de l'ouvrage est un véritable résumé de la biologie tout entière. — Un vol.

— La Lutte universelle.

Contrairement à Saint Augustin qui affirme que les corps de la nature se soutiennent réciproquement et « s'aiment en quelque sorte » M. LE DANTEC prétend, dans ce nouveau livre, que l'existence même d'un corps quelconque est le résultat d'une lutte. — Un vol.

— Philosophie du XXe Siècle ★ DE L'HOMME A LA SCIENCE.

Les études biologiques de M. LE DANTEC, ses efforts pour placer la vie au milieu des autres phénomènes naturels, devaient l'amener à écrire une œuvre de synthèse. — Un vol.

— ★★ SCIENCE ET CONSCIENCE.

Science et Conscience nous est donné par M. LE DANTEC comme son dernier livre de Biologie. Son œuvre considérable ne saurait manquer d'avoir une grande influence sur la pensée moderne. — Un vol.

MARTEL (E.-A.). — L'Évolution souterraine.

Sous ce titre, l'auteur montre l'histoire souterraine de la planète c'est-à-dire l'évolution grandiose et continue de la Terre. — Un vol. illustré de 80 belles gravures.

MEUNIER (Stanislas), *Professeur au Muséum National d'Histoire Naturelle.* — **Les Convulsions de l'Écorce Terrestre.**

Tous les amateurs de sciences voudront connaître le dernier mot de la géologie quant à l'explication des tremblements de terre et des volcans, et apprécier le rôle de ces terribles phénomènes dans l'harmonie de la nature. — Un vol.

OSTWALD (W.), *Professeur de Chimie à l'Université de Leipzig.* — **L'Evolution d'une Science.** — La Chimie, traduction du Docteur DUFOUR, *Professeur agrégé à la Faculté de Médecine de Nancy).*

Ce livre est une pierre apportée à l'histoire de la chimie, et c'est aussi une contribution à l'histoire générale de la science. — Un vol.

PICARD (Émile), *Membre de l'Institut, Professeur à la Sorbonne.* — **La Science moderne et son État actuel.**

M. PICARD s'est proposé de donner, dans ce volume, une idée d'ensemble sur l'état des sciences mathématiques, physiques et naturelles dans les premières années du xx° siècle. — Un vol.

POINCARÉ (H.), *de l'Académie Française.* — **La Science et l'Hypothèse.**

M. POINCARÉ a réuni sous ce titre les résultats de ses réflexions sur la logique des sciences mathématiques et physiques. — Un vol.

— **La Valeur de la Science.**

Cet ouvrage a pour but de rechercher quelle est la véritable valeur objective de la science. — Un vol.

— **Science et Méthode.**

M. POINCARÉ a réuni dans cet ouvrage diverses études se rapportant à des questions de méthodologie scientifique. — Un vol.

POINCARÉ (Lucien), *Inspecteur général de l'Instruction publique.* — **La Physique moderne.** — **Son Évolution.**
Ouvrage couronné par l'Académie des Sciences.

L'auteur a pensé qu'il serait utile d'écrire un livre où, tout en évitant d'insister sur les détails techniques, il ferait connaître, d'une façon aussi précise que possible, les résultats si remarquables qui, depuis une dizaine d'années, sont venus enrichir le domaine de la physique et modifier profondément les idées des philosophes aussi bien que celles des savants. — Un vol.

— **L'Électricité.**

Dans ce volume, M. LUCIEN POINCARÉ étudie les modes de production et d'utilisation des courants électriques et les principales applications qui appartiennent au domaine de l'électrotechnique. — Un vol.

RENARD (Commandant Paul). — **L'Aéronautique.**

Ce volume embrasse l'aéronautique tout entière et bien qu'un tel sujet comporte nécessairement des parties abstraites, l'auteur a su exposer avec clarté les questions les plus arides sans rien sacrifier de la précision nécessaire et en se mettant à la portée de tous les lecteurs. — Un vol. illustré.

2ᵉ Série. — Psychologie et Histoire.

AVENEL (Vicomte Georges d'). — **Découvertes d'Histoire Sociale.**

L'idée maîtresse de ce livre est que les évolutions économiques, en bien ou en mal, ne dépendent pas des changements politiques ou sociaux. — Un vol.

BINET (Alfred), *Directeur de Laboratoire à la Sorbonne.* — **Les Idées Modernes sur les Enfants.**

Depuis une trentaine d'années, en Allemagne, en Amérique, en Italie, en France, des médecins, des physiologistes et des psychologues ont cherché à introduire les méthodes scientifiques dans les choses de l'éducation. Voilà ce que l'auteur examine en toute impartialité. Son livre s'adresse aux pères de famille, aux éducateurs, aux hommes politiques et à tous ceux qui s'intéressent au problème de l'enfance. — Un vol.

— L'Ame et le Corps.

M. BINET a voulu montrer que les progrès récents de la psychologie expérimentale ont eu un retentissement sur les spéculations les plus hautes et les plus abstraites de la philosophie. — Un vol.

BIOTTOT (Colonel). — **Les Grands Inspirés devant la Science.** — JEANNE D'ARC.

Cette œuvre s'adresse également aux penseurs et aux simples curieux d'une explication scientifique de Jeanne d'Arc, l'héroïne du patriotisme. — Un vol.

BOHN (Georges). — **La Naissance de l'Intelligence.**

Ce volume est un exposé de l'état actuel des problèmes de la psychologie animale. — Un vol.

BOUTROUX (Émile). *Membre de l'Institut.* — **Science et Religion** DANS LA PHILOSOPHIE CONTEMPORAINE.

Étude critique des principales solutions que reçoit actuellement, parmi les hommes qui réfléchissent, le problème des rapports de la religion et de la science. — Un vol.

BRUYSSEL (Ernest van), *Consul général de Belgique.* — **La Vie Sociale.** — Ses Evolutions.

Ce livre expose dans son ensemble toute l'histoire de l'humanité. Il a pour but l'étude des idées sociales dès leur origine et à travers leurs évolutions, durant la succession des siècles. — Un vol.

CHARRIAUT (Henri), *Chargé de mission par le Gouvernement Français.* — **La Belgique Moderne,** TERRE D'EXPÉRIENCES.

La plus haute leçon qui se dégage de la Belgique moderne est celle de la puissance de la volonté réfléchie et de la grandeur que peut atteindre un pays, si étroites que soient ses frontières, lorsque chaque citoyen constitue un foyer d'énergie. — Un vol.

CROISET (Alfred), *Membre de l'Institut, Doyen de la Faculté des Lettres de l'Université de Paris.* — **Les Démocraties Antiques.**

Faire connaître, par un exposé rapide, non seulement les traits saillants des institutions démocratiques de l'antiquité, mais aussi les grandes lignes de leur évolution et, autant que possible, les causes économiques, politiques, morales qui en ont réglé le développement ou déterminé le caractère, tel est l'objet du présent ouvrage. — Un vol.

CRUET (Jean), *Docteur en droit, Avocat à la Cour d'appel.* — **La Vie du Droit ET L'IMPUISSANCE DES LOIS.**

Cet ouvrage examine s'il n'y a pas, contre le droit du législateur et à côté de lui, un droit du juge et un droit des mœurs. Il convient d'apporter au moule dans lequel doit être coulée la pensée législative, certaines retouches ou corrections. Le législateur ne doit pas promettre ce qu'il ne saurait tenir. — Un vol.

DUBUFE (Guillaume). — **La Valeur de l'Art.**

Ce que représente l'art chez les divers peuples, les aspirations dont il est la synthèse, les besoins qu'il traduit, les éléments qu'il fournit à l'étude des civilisations, telles sont les questions abordées dans cet ouvrage.

GENNEP (A. van), *Directeur de la « Revue des Études Ethnographiques ».* — **La Formation des Légendes.**

C'est à tous ceux qui s'intéressent aux problèmes de la production littéraire en général que s'adresse l'auteur dans ce livre original, bien documenté, agréable à lire et souvent amusant. — Un vol.

GUIGNEBERT (Charles), *Chargé du Cours d'Histoire ancienne du Christianisme à la Faculté des Lettres de Paris.* — **L'Évolution des Dogmes.**

Dans cet ouvrage, l'auteur s'est proposé d'établir que tout dogme naît, se développe, se transforme, vieillit et meurt, ainsi qu'il arrive à tous les organismes de la nature.

HANOTAUX (Gabriel), *de l'Académie Française.* — **La Démocratie et le Travail.**

Dans ce livre, d'un intérêt si actuel, M. Gabriel HANOTAUX apporte sa solution de la question sociale, mais, c'est la plus simple, la plus naturelle, la plus unie, la plus conforme à la marche des choses : la solution par le travail. — Un vol.

JAMES (William), *Professeur à l'Université de Harvard, Membre associé de l'Institut.* — **La Philosophie de l'Expérience,** traduit par E. LE BRUN et M. PARIS.

D'après M. W. JAMES, pour être un philosophe, il faut d'abord « une vision » portant sur « la nature intime du réel, » et ensuite une méthode par laquelle interpréter cette vision. — Un vol.

JANET (Dʳ Pierre), *Professeur de Psychologie au Collège de France*. — **Les Névroses.**

Cet ouvrage présente un résumé rapide d'un grand nombre d'études que l'auteur a publiées depuis vingt ans sur la plupart des troubles névropathiques. — Un vol.

LE BON (Dʳ Gustave). — **Psychologie de l'Éducation.**

Ce livre a été écrit pour tous les membres de l'enseignement, et au moins autant pour les pères de famille, soucieux de l'avenir de leurs fils. — Un vol.

— **La Psychologie Politique et la Défense Sociale.**

Sous ce titre, l'auteur de la *Psychologie des foules* fait voir que la plupart des grands mouvements populaires sont généralement une révolte de l'instinctif contre le rationnel. — Un vol.

LE DANTEC (Félix). — **L'Athéisme.**

Voici, nous dit l'auteur, un livre de bonne foi; et, réellement, le ton de l'ouvrage est tel qu'on pourrait se demander, le plus souvent, si l'on est en présence d'un plaidoyer pour l'athéisme ou pour la nécessité d'une foi religieuse. — Un vol.

LICHTENBERGER (Henri), *Maître de Conférences à la Sorbonne*. — **L'Allemagne moderne.** — **Son Évolution.**

Dans cet ouvrage on a essayé de donner, en quatre livres, un tableau sommaire de l'évolution économique, politique, intellectuelle, artistique de l'Allemagne moderne. — Un vol.

MACH (E.), *Professeur à l'Université de Vienne*. — **La Connaissance et l'Erreur**, traduction du Dʳ DUFOUR, *Professeur à la Faculté de Nancy*.

M. MACH est un physicien dont la pensée a été fortement influencée par la théorie de l'évolution. Selon lui, le but de la science est de mettre de l'ordre dans les données sensibles, et de chercher avec toute *l'économie de pensée* possible les relations de dépendance qui existent entre nos sensations. — Un vol.

MAXWELL (G.), *Docteur en médecine, Substitut du Procureur général près la Cour d'appel de Paris*. — **Le Crime et la Société.**

M. MAXWELL expose dans cet ouvrage les idées actuelles sur la nature et les causes de la criminalité qui lui paraît être un phénomène social normal. Il analyse l'acte criminel et son auteur dans les différentes variétés; la responsabilité pénale, l'aliéné criminel, la classification des criminels, l'évolution contemporaine de la criminalité politique, sont ensuite étudiés. — Un vol.

NAUDEAU (Ludovic). — **Le Japon moderne, son Évolution.**

L'auteur, capturé sur le champ de bataille de Moukden par les vainqueurs, et amené par eux au Japon, s'y attarda plus d'un an, car il sentait le désir intense de pénétrer leur mentalité. Aussi doit-on lire cet ouvrage si l'on veut connaître le Japon. — Un vol.

PICARD (Edmond), *Avocat à la Cour de Cassation de Belgique.* — **Le Droit pur.**

Ce livre est en quelque sorte un « Testament juridique », le legs d'un opulent patrimoine intellectuel accumulé au cours de l'existence prolongée de lutte et de travail du célèbre avocat et professeur à l'Université Nouvelle de Bruxelles. — Un vol.

PIÉRON (Henri). *Maître de Conférences à l'Ecole des Hautes Etudes.* — **L'Evolution de la Mémoire.**

Sous quelles formes se présente la mémoire ?

Quels sont les aspects et les limites de la mémoire humaine, en quoi consistent ses troubles et quels peuvent être ses progrès ?

C'est à ces diverses questions que le lecteur trouvera en ce livre une réponse, basée sur l'ensemble des faits actuellement établis par la psychologie objective, humaine et comparée. — Un vol.

PIRENNE (H.), *Professeur à l'Université de Gand.* — **Les Anciennes Démocraties des Pays-Bas.**

On verra dans ce livre comment furent résolus, jadis, des problèmes presque identiques à ceux qui s'agitent aujourd'hui. — Un vol.

REY (Abel), *Professeur agrégé de Philosophie.* — **La Philosophie moderne.**

Dans ce livre, l'auteur renouvelle les vieilles questions philosophiques de la matière et de la vie, de l'esprit et de la raison, du vrai et du bien, et les résultats déjà obtenus. — Un vol.

ROZ (Firmin). — **L'Énergie Américaine**, ÉVOLUTION DES ÉTATS-UNIS.

Ce livre essaie d'ordonner en une philosophie de leur histoire les études et les témoignages de toute sorte dont les Etats-Unis ont été l'objet depuis quelques années. — Un vol.

DERNIERS VOLUMES PARUS

COLSON (Albert), *Professeur de Chimie à l'Ecole Polytechnique.* — **L'Essor de la Chimie appliquée.**

En lisant cet ouvrage chacun peut tirer profit d'exposés concis qui embrassent la reproduction des pierres précieuses, les grandes industries chimiques, agricoles, métallurgiques et électriques, les chaux et ciments, les propriétés du radium, les pétroles et l'évaluation de leur puissance mécanique, la poudre sans fumée, l'industrie des couleurs et des parfums, l'hygiène moderne, etc.

OLLIVIER (Émile), *de l'Académie Française.* — **Philosophie d'une Guerre (1870).**

Ce livre a l'intérêt du plus passionnant roman. Nulle lecture ne saurait être plus instructive et prouver plus clairement aux pacifistes que les peuples ne sont pas libres d'éviter les guerres qu'un adversaire leur impose.

www.ingramcontent.com/pod-product-compliance
Lightning Source LLC
Chambersburg PA
CBHW050505270326
41927CB00009B/1905